Wie geht Karriere?

Barbara Lukesch

Wie geht Karriere?

Strategien schlauer Frauen

Fotografien von Gianni Pisano

Mit freundlicher Unterstützung der Fachstelle für
Gleichstellung von Frau und Mann des Kantons Zürich

Alle Rechte vorbehalten, einschliesslich derjenigen des
auszugsweisen Abdrucks und der elektronischen Wiedergabe

© 2015 Wörterseh Verlag, Gockhausen

Lektorat: Claudia Bislin, Zürich
Korrektorat: Andrea Leuthold, Zürich, und Reto Winteler, Wetzikon
Umschlaggestaltung: Thomas Jarzina, Holzkirchen
Fotos Umschlag: Gianni Pisano, Zürich
Layout, Satz und herstellerische Betreuung:
Rolf Schöner, Buchherstellung, Aarau
Lithografie: PX5, München
Druck und Bindung: CPI – Ebner & Spiegel, Ulm

Print ISBN 978-3-03763-054-9
E-Book ISBN 978-3-03763-572-8
www.woerterseh.ch

Inhalt

Zu diesem Buch — 7

Beatrice Tschanz (geb. 1944)
Der Mut, sich zu exponieren — 15

Tilla Caveng (1991)
Lust auf Herausforderungen — 35

Carol Franklin (1951)
Erst operativ tätig und dann in den Stab — 45

Carole Meier (1969)
Wissen, was man will — 59

Brida von Castelberg (1952)
Die Frauen-Frau — 69

Stephanie von Orelli (1966)
Fördern und fordern — 85

Elfi Seiler (1955)
Auch einmal zu grosse Schuhe anziehen — 97

Martina Monti (1962)
Den eigenen Werten vertrauen — 111

Regula Hotz (1976) und **Wera Kowner** (1939)
Im Männerland   121

Gudrun Sander (1964)
Die Pionierin   133

Felix Althaus (1949)
»Frauenförderung ist nicht gratis zu haben«   144

Felicitas Boretti (1971) und **Nadja Sieber-Ruckstuhl** (1973)
Gemeinsam an die Spitze   157

Kathrin Amacker (1962)
Karriere auf dem Klettergerüst   169

Deborah Diggelmann (1994)
Technik macht Spass und selbständig   181

Andrea Bleicher (1974)
No Guts, No Glory   189

Regine Aeppli (1952)
Die Freiheit, auch zweimal Nein zu sagen   203

Nachwort Helena Trachsel (1958)   214

Dank   223

Zu diesem Buch

Meine Eltern lebten eine Beziehung, wie sie für ihre Generation typisch war: Mein Vater, promovierter Chemiker, war bis zu seiner Pensionierung voll erwerbstätig; meine Mutter, die keinen Beruf erlernt hatte, sorgte für die Familie und den Haushalt. Diese Konstellation hatte natürlich Folgen und vor allem ihre Tücken. Lange Zeit war das Schild neben dem Klingelknopf unserer Haustür mit »Dr. Heinz Lukesch« beschriftet. Meine Mutter störte sich nicht daran, ich aber fand diese Reduktion eines Vier-Personen-Haushalts auf den Leithirsch schon früh äusserst seltsam. Richtig beelendet hat mich der Umgang meiner Eltern mit dem Geld. Das Thema gab regelmässig Anlass zu Streit. Hatte meine Mutter mal wieder ein Twinset (in meiner Erinnerung ging es ständig um Twinsets) gekauft, ohne vorgängig um Erlaubnis zu bitten, setzte es einen furchtbaren Krach ab, der jedes Mal am Mittagstisch und jedes Mal – so will es meine Erinnerung – bei Makkaroni mit Tomatensauce ausgefochten wurde. Kein Wunder, kann ich Makkaroni nicht ausstehen.

Mit der Zeit entwickelte meine Mutter ihre eigene Technik, um diese Konflikte zu vermeiden. Sie zweigte von ihrem Haushaltsgeld ohne Wissen meines Vaters so viele Zehner- und manchmal auch Zwanzigernoten ab, dass sie sich hin und wieder einen Kleiderwunsch erfüllen konnte, ohne anschliessend einen Bussgang antreten zu müssen. Trug sie das klandestin erworbene Stück erstmals, konnte sie auf das Desinteresse meines Vaters zählen, der nie realisierte, wenn sie etwas Neues anhatte. Ich fand es entwürdigend, dass eine erwachsene Frau nicht über ihr eigenes Geld verfügte.

Dabei hätte meine Mutter die Gelegenheit gehabt, bei einer Nachbarin in deren florierendem Damenmodegeschäft als Verkäuferin zu arbeiten. Das hätte ihr Spass gemacht und ihren kommunikativen Talenten entsprochen. Sie wollte zusagen, doch mein Vater funkte dazwischen und erklärte, er habe es nicht nötig, dass seine Frau arbeiten gehe. Welch ein Jammer! Ihr Gelangweiltsein, ja ihre sporadisch auftretenden Depressionen müssen für ihn leichter zu ertragen gewesen sein als die Aussicht auf eine Partnerin, die selbstbewusst und eigenständig durchs Leben geht.

Dessen ungeachtet, orientierte ich mich schon früh an meinem Vater. Mit knapp elf Jahren übte ich erstmals meine eigene Unterschrift: »Dr. Bärbel Lukesch« schrieb ich in krakeliger Kinderschrift auf einen Bogen Briefpapier. Ich wollte den Weg meines Vaters einschlagen beziehungsweise dem Schicksal meiner Mutter unbedingt entgehen.

Auch wenn mein Vater keinerlei Sensorium für die Berufswünsche seiner Ehefrau hatte, war es für ihn selbstverständlich, dass ich das Gymnasium besuchte und studierte. Da setzte sich offenbar der Stolz des Akademikers durch, der es genoss, dass die eigene Tochter auf seinen Spuren wandelte. Der Wahl des Studienfachs – ich entschied mich für Germanistik und Anglistik – mass dann allerdings niemand grosse Bedeutung bei. Bringt es nichts, so schadet es auch nicht, mag die Überlegung gewesen sein, die sich auch als Ausdruck von Gleichgültigkeit interpretieren lässt. Doch damals überwog die Vorstellung, dass ich eines Tages heiraten und Kinder bekommen würde, allfällige Gedanken an einen Beruf, der mir Spass machen und mir ein eigenes Einkommen sichern könnte, deutlich.

So war mein Vater dann auch nicht besonders begeistert, als ich der Frauenbefreiungsbewegung (FBB) beitrat, die in den Siebzigerjahren den Kanton Zug erreichte, wo wir damals wohnten. Seine Reaktion, die zwischen Ärger und Spott hin- und herwechselte, beeindruckte mich nicht gross.

Innerhalb der FBB lernte ich Frauen kennen, mit denen ich all die Themen diskutieren konnte, die mich wirklich interessierten: Empfängnisverhütung, Schwangerschaftsabbruch, Mutterschaftsversicherung, gleiche Löhne für gleiche Arbeit, Vereinbarkeit von Beruf und Familie, später auch Pornografie.

In dieser Umgebung gewann ich Mut und die Zuversicht, dass ein Frauenleben anders verlaufen kann als jenes meiner Mutter: spannend, herausfordernd, eigenständig und überraschend.

Die Frauenfrage liess mich von dem Moment an nicht mehr los. An der Uni besuchte ich Seminare, in denen Themen wie »Geschlechtertausch im deutschen Roman der Gegenwart« oder »Hexen im Mittelalter« behandelt wurden. Meine Lizenziatsarbeit verfasste ich über die Frauenfiguren in den naturalistischen Dramen von Gerhart Hauptmann. Als Journalistin habe ich laut Datenbank 207 Artikel verfasst, die sich einem Aspekt des Lebens von Frauen widmen: Frauen und Geld, Frauen und Gewalt, Frauen und Kinder, Frauen und Erwerbstätigkeit.

Mein letztes Buch »Und es geht doch! Wenn Väter mitziehen« ist ja im Grunde auch ein Frauenbuch, schliesslich ist die Frage nach der männlichen Beteiligung an Kinderbetreuung und Haushalt für niemanden so zentral wie für Frauen beziehungsweise Mütter.

Das Buch »Wie geht Karriere? Strategien schlauer Frauen« bündelt nun viele der in meiner beruflichen Arbeit gewonnenen Erfahrungen und Erkenntnisse in einem Band. Die hier versammelten Porträts und Interviews von und mit sechzehn Frauen und einem Mann sollen konkret veranschaulichen, welche Strategien, Entscheide und Verhaltensweisen Erfolg auf dem Karriereweg versprechen. Ich nenne meine Protagonistinnen »schlau«, weil ich ihr Vorgehen, so unterschiedlich es auch sein mag, für »klug, gescheit, gewitzt oder pfiffig« halte, so lautet die Definition im Lexikon: Schlaue Menschen »wissen um Wege, ihre Ziele (dennoch) zu erreichen«. Unter Karriere (abgeleitet vom lateinischen »carrus«, der Wagen) verstehe ich nicht nur das Erklimmen der Firmenspitze, sondern den Weg in eine bestimmte Position, welche die Inhaberin zufrieden und bestenfalls sogar glücklich macht. Das war beispielsweise der Fall bei Martina Monti, die zwanzig Jahre lang stellvertretende Chefredaktorin der »Annabelle« war und Anfragen, ob sie zur Nummer eins aufrücken wolle, stets abschlägig beantwortete. Ihre Sicherheit im Urteil und die Unabhängigkeit vom männlichen Mythos, nur der Platz an der Spitze sei wirklich top, haben mich beeindruckt. Ich porträtiere sie, weil ich finde, Frauen sollten ihren eigenen Werten und Wünschen vertrauen.

Tun sie das, stossen sie manchmal an Grenzen, die unsere Gesellschaft immer noch zieht. Wer beispielsweise seine Karriere an die erste Stelle setzt und seine Kinder, zumindest zeitweise, dem Vater überlässt, muss mit Empörung rechnen und mit den daraus resultierenden Schuldgefühlen allein klarkommen. Die interimistische »Blick«-Chefredaktorin Andrea Bleicher hat genau das erlebt. Dass sie darüber hinaus auch noch sehr selbstbewusst auftritt und aus ihrer Freude an der Macht und ihren Karrierewünschen keinen Hehl macht, nehmen ihr viele doppelt übel. Warum aber sollte sie nicht? Ich denke, erst wenn Frauenverhalten den gleichen Massstäben unterliegt wie das von Männern, können wir ernsthaft von Chancengleichheit beziehungsweise Gleichstellung sprechen. Frauen sollen, bitte schön, auch egoistisch, hart, fordernd und, wenn nötig, berechnend und kalt auftreten. Nur mit Sanftmut, Bescheidenheit, Zurückhaltung und Freundlichkeit, noch dazu gebremst von einem stets lauernden schlechten Gewissen, lassen sich keine Karrieren zimmern. Beatrice Tschanz, einst zur Nationalheiligen erhoben, weil sie nach dem Swissair-Absturz bei Halifax sehr viel Sensibilität an den Tag legte, zeigt in einem langen, beeindruckend ehrlichen Interview auch andere Seiten ihrer Person: Lust an der Macht, Unkontrolliertheit, Unzimperlichkeit. Sie macht klar, dass es auch diese Eigenschaften braucht, um eine schillernde, abwechslungsreiche Karriere hinzubekommen.

Die Frauen in diesem Buch ziehen sich manchmal auch zu grosse Schuhe an und haben schlaflose Nächte, weil sie sich vorübergehend überfordern. Sie haben auch mal Angst oder leiden unter Niederlagen, nach denen sie sich mühsam wieder aufrappeln müssen. Gleichwohl sind alle befriedigt, ja sogar stolz, wenn sie realisieren, was sie alles bewältigen, bewegen und verändern können. Die Genugtuung und die Freude über den Zuwachs an Kompetenz und Selbstsicherheit fühlen sich grossartig an. Dafür müssen die Frauen allerdings Risiken in Kauf nehmen und den Schritt ins Ungewisse wagen. Gratis sind Karrieren tatsächlich nicht zu haben.

Wer wüsste das besser als Wera Kowner und Regula Hotz, Mutter und Tochter, Besitzerinnen des Zürcher Telematik-Betriebs Kowner AG. Die beiden Frauen kommen hier zu

Wort, weil ich ihre Robustheit und Widerstandsfähigkeit in einer nahezu vollständig von Männern beherrschten Branche bewundernswert finde. Ich glaube, beide haben diese Eigenschaften nicht zuletzt deshalb entwickeln können, weil die eine, Wera Kowner, von ihrem Vater und die andere, Regula Hotz, von ihrer Mutter mit grossem Vertrauen in die eigenen Fähigkeiten ausgestattet wurden: Der Vater wie die Mutter legten das Familienunternehmen in die Hände ihrer Töchter. Alles andere als eine Selbstverständlichkeit in einem reinen Technikumfeld.

Die Förderung des weiblichen Nachwuchses spielt auch in anderen Kapiteln eine zentrale Rolle. Dabei interessieren mich Taten, die sich durch Engagement, aber auch Kreativität auszeichnen und die wirklich etwas im Leben der sogenannt Geförderten verändert haben.

Die ehemalige Chefärztin der Maternité am Triemlispital in Zürich, Brida von Castelberg, teilte sich die letzten drei Jahre ihres Berufslebens die Stelle mit der von ihr favorisierten Nachfolgerin, Stephanie von Orelli, und hob diese so sanft in den Sattel. Welch schlauer Schachzug!

Felix Althaus, bis vor kurzem Dekan der veterinärmedizinischen Fakultät an der Universität Zürich, machte aus der Not eine Tugend: Er kreierte das Modell der Twin-Professorinnen, eine Art Top-Sharing an der Uni, das es auch Frauen mit Kindern erlaubt, eine akademische Karriere einzuschlagen. Wer eine Fakultät mit mehr als neunzig Prozent Frauen führt, muss Erfindergeist entwickeln.

Dieses Buch, behaupte ich, macht klar, dass Frauen alles können. Sie können Karriere in Wirtschaft, Politik und Kultur machen, sie können die Technik beherrschen, sie können Mutterschaft und Beruf vereinbaren, und sie werden auch immer mutiger darin, sich zu ihrer Lust an Karriere und Macht zu bekennen. Zwei junge Frauen um die zwanzig, die Jusstudentin Tilla Caveng und die technische Konstrukteurin Deborah Diggelmann, zeigen, dass eine Generation nachrückt, die Mut und unglaublich viel Freude macht.

Barbara Lukesch, Zürich und Gais im März 2015

Der Mut, sich zu exponieren

Beatrice Tschanz war nicht nur eine erfolgreiche Managerin, sondern sie war auch präsent in der Öffentlichkeit wie kaum eine andere Wirtschaftsfrau und bot sich damit als Identifikationsfigur an. Ein Gespräch über Strategien, denen sie ihren Erfolg verdankt, aber auch Fehler, die ihr unterlaufen sind.

Beatrice Tschanz, Sie waren unter anderem Kommunikationsverantwortliche der Swissair, Mitglied der Geschäftsleitung von Sulzer Medica und Verwaltungsratspräsidentin von Valora. Was braucht es, um an die Spitze eines Unternehmens zu kommen und sich dort zu behaupten?
Letztlich braucht es vor allem eins, und das ist Leistung. Man muss viel, gern und gut arbeiten. Und man ist auf ein schier unerschöpfliches Energiereservoir angewiesen, über das ich glücklicherweise immer verfügt habe. Man muss sich reinknien. Sheryl Sandberg, Geschäftsführerin von Facebook, beschreibt das in ihrem Buch »Lean In«. Eine gute Ausbildung, breites Wissen und Know-how sind selbstverständliche Voraussetzungen, wenn man eine Führungsfunktion anstrebt.

Nun sind Frauen besser qualifiziert denn je, sie gelten als fleissig und diszipliniert. Trotzdem sind sie auf den Chefetagen immer noch deutlich untervertreten. Es braucht offenbar doch noch mehr.

Man muss mit sich selber im Reinen sein und eine gewisse innere Ruhe ausstrahlen. Wer hundert eigene Probleme mit sich herumschleppt, wird einen Karriereschritt scheuen, der mit hundert zusätzlichen Schwierigkeiten verbunden ist. Kurz, man braucht ein intaktes Selbstbewusstsein und ein intaktes privates Umfeld.

Die amerikanische Spitzendiplomatin Susan Rice appellierte kürzlich in einem Interview in der »Washington Post« an die Frauen, sie müssten wieder vermehrt ihren Charme einsetzen, wenn sie die Karriereleiter erklimmen wollen.

Fallen wir jetzt wieder zurück in die Zeit, in der es geheissen hat, wir Frauen müssten in erster Linie gefällig und liebreizend sein? Das war nie mein Ding. I didn't want to please. Im Gegenteil, ich glaube, nur wer sich selber treu bleibt, hat die nötige Kraft, um auch Führungspositionen zu bekleiden. Auf dem Weg an die Firmenspitze, aber vor allem auf dem Gipfel selbst, ist es mit Charme nicht getan. Da ist zuweilen auch Härte vonnöten, sonst scheitert man.

Härte? Wozu genau?

Man muss unter anderem mit Absagen, Enttäuschungen und Niederlagen umgehen können. Die gehören zwingend dazu, wenn man sich in höheren Gefilden aufhält.

Geben Sie uns ein Beispiel aus Ihrem Leben!

Ich war vier Jahre lang stellvertretende Chefredaktorin beim »SonntagsBlick«. Mein Chef Peter Balsiger war ein Supertyp. Er war allerdings sehr oft in Afrika und Asien unterwegs und nicht auf der Redaktion. Sensationell, dass er mit einem Lastwagenkonvoi nach Mali gereist ist, um den hungernden Kindern Hirse und Mais zu bringen. Toll auch die Geschichten, die er im Anschluss daran für unser Blatt geschrieben hat. Nur wurden regelmässig aus den geplanten drei Wochen zwei Monate, in denen ich de facto die Funktion der Chefredaktorin ausgeübt habe. Als Balsiger dann seinen Job kündigte und nach Hamburg wechselte, fand ich: So, jetzt bin ich dran. Ich kann das, und ich will, dass nun auch im Impressum steht: Beatrice Tschanz, Chefredaktorin. Ich wollte diesen Karriereschritt machen. Dank meiner Direktheit fiel es mir nicht schwer, diesen Wunsch anzumelden.

Und die Reaktion?
Ich hatte das »Old-Boys-Network« unterschätzt. Walter Bosch, damals Chef aller Chefredaktoren, druckste herum und meinte: »Du bist eine super Stellvertreterin, Bea, aber wir haben momentan so viele Männer in der Pipeline, von denen müssen wir einen berücksichtigen.« Ich, als mehrjährige Nummer zwei, steckte ganz offensichtlich nicht in der Pipeline und hatte letztlich das Nachsehen. Schliesslich wurde Peter Rothenbühler Chefredaktor. Einen solchen Frust muss man erst mal wegstecken. Das habe ich auch, fand aber trotzdem, künftig solle jemand anders den Job des Stellvertreters machen, und bin zum »Blick« gegangen, auch als stellvertretende Chefredaktorin…

Wozu braucht es sonst noch Härte?
Die berufliche Erfahrung, die mich am meisten Härte, aber auch Nerven gekostet hat, war die Zeit als Präsidentin des Verwaltungsrats von Valora. In jenen sechs Monaten habe ich nicht mehr gut geschlafen, weil ich mir einen Job zugemutet hatte, der mich über Gebühr strapazierte. Ich kannte die

Firma nach acht Jahren im Verwaltungsrat zwar in- und auswendig, war dem Job also fachlich gewachsen. Ich war mir auch bewusst, dass die Valora ein Milliarden-Unternehmen mit 7000 Mitarbeitern ist. Aber ich hatte unterschätzt, wie sehr ich unter der Verantwortung für einen Konzern dieser Grössenordnung leiden würde, der noch dazu von einer Übernahme bedroht war.

Was war Ihre Befürchtung?
Dass ich eine Fehlentscheidung treffen würde, die Stellen gekostet und Aktionärsvermögen vernichtet hätte. Die Vorstellung, ich würde das Gut anderer zerstören, hat mich an den Anschlag gebracht. Da hätte es jenen Privatbankier aus Genf nicht auch noch gebraucht, der ein grosses Aktienpaket besass und mir ständig drohte, er werde mich verklagen, wenn ich mir dies oder jenes zuschulden kommen liesse. Es wehte damals ein rauer Wind, und ich musste mir ständig sagen: Ruhe bewahren! Step by step! Keine Fehler machen!

Letztlich ist alles gut gegangen; Sie haben die feindliche Übernahme abwehren können. Was war der Schlüssel zum Erfolg?
Ich habe mir bei einem Zürcher Rechtsanwalt Hilfe geholt. In der heissen Phase habe ich keinen Schritt mehr ohne Rücksprache mit ihm gemacht. So ist es mir gelungen, das Ganze professionell durchzuziehen.

Inwieweit haben Sie Ihre Kollegen aus dem Verwaltungsrat in Ihre Schwierigkeiten eingeweiht?
Nicht mal im Ansatz. Da darf man sich keine Blösse geben. Was überhaupt nicht heisst, dass man sich nicht Hilfe holen soll. Im Gegenteil. Es ist eine Qualität, im richtigen Moment die richtigen Personen um Unterstützung zu bitten.

Braucht es in Spitzenpositionen nicht auch Härte, um unbeliebte Entscheidungen zu treffen und zu vertreten?
Ja, die braucht es. Ich glaube, gerade das fällt vielen Frauen schwer, weil sie viel zu viele Bedenken mit sich herumtragen. Ein Mann entscheidet, und dann wird durchmarschiert. Frauen denken sofort an die Konsequenzen, an alle Nebenschauplätze und an das gesamte Umfeld. Sie haben zu viele Skrupel, was sich zuungunsten einer Karriere auswirken kann. Man kann es einfach nicht in jeder Lebenslage allen recht machen.

Sind Sie denn völlig frei von Bedenken oder Skrupeln?
Nein. Was mich jeweils enorm belastet hat, war die Notwendigkeit, Mitarbeiter zu entlassen. Ich erinnere mich an meine Zeit bei Jelmoli, wo ich für die Kommunikation und das Marketing zuständig war und 157 Leute unter mir hatte. Es gab eine massive Restrukturierung, zehn Prozent der Bestände mussten abgebaut werden. Statt fünfzehn habe ich zwar nur zehn Mitarbeitern gekündigt, musste aber auch ihnen die Hiobsbotschaft überbringen. Dem war eine Auswahl vorausgegangen, die man frei von persönlichen Vorlieben treffen und durchziehen sollte. Da ist man gezwungen, Schicksal zu spielen und selbst den Familienvater mit zwei kleinen Kindern zu entlassen. Am Anfang habe ich vor lauter Feigheit noch den Personalchef an diese Gespräche mitgenommen, aber sehr bald wusste ich: Das musst du allein machen, sonst fühlen sich die Betroffenen wie vor einer feindlichen Mauer.

Im Bestseller »Gute Mädchen kommen in den Himmel, böse überall hin« schrieb die deutsche Verfasserin Ute Ehrhardt sinngemäss, Frauen müssten lernen, nicht gerade über Leichen, aber doch über leicht Verletzte zu gehen.

Ich würde sogar sagen, über mittel bis schwer Verletzte. Das ist etwas vom Schwierigsten für Frauen, sich sehenden Auges und mit offenem Visier über andere Menschen hinwegzusetzen. Die Jelmoli-Entlassungen haben auch an mir genagt, und trotzdem habe ich sie durchgezogen, weil sie Teil meines damaligen Pflichtenheftes waren.

Haben Sie auch mal einen mittel bis schwer Verletzten am Wegrand zurückgelassen?
Ich erinnere mich an eine Geschichte aus meiner Zeit als Kommunikationschefin bei der Swissair. Nach dem Flugzeugabsturz von Halifax merkte ich nach drei Tagen, dass wir völlig überfordert waren und Verstärkung brauchten. Ich habe einen Journalisten angerufen, der gerade seinen Chefredaktoren-Posten beim »Blick« verloren hatte, und zu ihm gesagt: »Auf die Brücke!« Nachdem er noch eine knappe Stunde mit mir verhandelt und sein Honorar geradezu lehrbuchmässig in die Höhe getrieben hatte – Frauen hätten etwas von ihm lernen können –, war der Vertrag unterschriftsreif, und der Mann ist zu uns gestossen. Er leistete hervorragende Arbeit, alle mochten ihn, weil er witzig und angenehm im Umgang ist. Tipptopp. Nach wenigen Wochen erzählte mir Konzernchef Philippe Bruggisser en passant, mein prominenter Journalist sei zu ihm ins Büro gekommen und habe ihm vorgeschlagen, »die Tschanz rauszuschmeissen«, er selber mache das besser als sie. Da habe ich gesagt »Wie bitte?«, hab auf dem Absatz kehrtgemacht, bin zu meiner Sekretärin und habe ihr aufgetragen, auf der Stelle das Nötige für seinen sofortigen Abgang vorzubereiten. Hinterhältigkeiten dieser Art dulde ich nicht, dann kann ich auch mit einem sehr guten Gewissen zu drastischen Mitteln greifen. Daran konnte auch die Intervention von Swissair-Chef Jeff Katz nichts ändern, der mich bat, we-

niger empfindlich zu sein: »Don't be touchy, Beatrice!« »Nichts da«, habe ich ihm erwidert. Am Abend war alles über die Bühne.

Und Bruggisser?
Wusste von nichts. Beiläufig habe ich erwähnt, dass das Team einen Kopf weniger zählt. Er hat mich erstaunt angesehen und dann geschmunzelt. Mit einem solchen Akt der Konsequenz hatte niemand gerechnet. Wie oft habe ich den Satz gehört: »Das hätten wir dir gar nicht zugetraut.« Das war mir wesentlich lieber, als wenn ich ständig überschätzt worden wäre.

Sie haben sich aber im Verlauf Ihrer Karriere auch zu Ihren Qualitäten und Kompetenzen bekannt und Ihre Karriereabsichten offen kundgetan. Immer nur dasitzen und warten, bis der Märchenprinz Sie wach küsst, hätte mit Sicherheit nicht zum Ziel geführt.
Man muss seine Absichten tatsächlich kundtun, auch auf das Risiko hin, dass man eine Absage bekommt oder übergangen wird. Das hat sehr viel mit Eigenständigkeit zu tun und der Freiheit, sich selber in Position zu bringen. Ich denke da an meine Anfangszeit bei Jelmoli. Der Wechsel von einem Medienunternehmen wie Ringier in einen Warenhauskonzern war hart gewesen für mich, und meine Arbeit befriedigte mich anfangs überhaupt nicht. Ich musste unter anderem Geschäftsberichte für den Generalsekretär, meinen Vorgesetzten, schreiben. Das war wirklich trist. So ging ich zu Konzernchef Carlo Magri und habe ihm gesagt, ich sei unterfordert. Darauf er: »Ja, dann können Sie doch ein bisschen von der Werbung übernehmen.« Und ich: »Nein, nicht ein bisschen. Wenn, dann möchte ich die Verantwortung für die ganze Werbung.« Diesen Mut hatte ich. Ich bin auch nicht erschrocken, als er

meinte: »Also gut, schauen wir mal, ob Sie das packen.« So ein Spruch »turnt« mich im Gegenteil an. Nun wollte ich erst recht beweisen, was ich draufhatte. Das Ende vom Lied? Ich leitete die ganze Marketingkommunikation, eine Abteilung mit 157 Personen, und habe mit Begeisterung jeweils die Werbekampagnen dem gesamten Verwaltungsrat präsentiert. Von Langeweile konnte keine Rede mehr sein.

Bei der Swissair bekleideten Sie als Kommunikationschefin eine Stabsstelle. Bei Sulzer Medica übten Sie die gleiche Funktion aus, waren aber Mitglied der Geschäftsleitung. Wie wichtig war Ihnen dieser Karrieresprung?
Er bedeutete mir sehr viel. Ich hatte jahrelang eine Stabsstelle innegehabt, sehr viel Verantwortung getragen und sehr viel gearbeitet. An Entscheidungen aber war ich höchstens klandestin, sozusagen hinter dem Busch, beteiligt, aber nicht offiziell. Dazu fehlte mir die Stimme. Als ich davorstand, noch mal etwas Neues zu beginnen, war mir klar, dass ich diesmal mitentscheiden wollte. Dabei ging es mir überhaupt nicht darum, dass ich an der Generalversammlung hinter dem Pültli und dem grossen Namensschild sitzen konnte. Aber ich wollte über die Freiheit und die Macht verfügen, wichtige Konzernentscheide mitzugestalten.

Damit wurden Sie auch haftbar.
Davor habe ich mich nicht gefürchtet. Im Gegenteil. Ich habe es nie richtig gefunden, dass für Konzernleitungen nur ein Bonussystem existiert, das sie für Erfolge belohnt, nicht aber für Misserfolge zur Verantwortung zieht. Meiner Ansicht nach sollte es ein Bonus-Malus-System geben, das in beiden Fällen Konsequenzen hat. Genau das hat Firmenchef Max Link bei Sulzer Medica eingeführt.

Erzählen Sie, wie es zu Ihrer Anstellung kam!
Nach meiner Zeit bei der Swissair wollte ich mich eigentlich selbständig machen. Ich hatte ein riesiges Netzwerk, genoss weiterhum sehr viel Goodwill und Anerkennung und wurde von Anfragen regelrecht überrollt. Als Max Link mich kontaktierte und mir von den Schwierigkeiten seiner Firma erzählte, war ich beeindruckt. Sulzer Medica hatte damals damit zu kämpfen, dass rund 3000 Patienten in insgesamt achtzehn US-Staaten unter verschmutzten Hüftgelenken zu leiden hatten. Meine Erfahrungen mit den Folgen des Flugzeugabsturzes von Halifax inklusive der amerikanischen Klägeranwälte, die drei Tage nach dem Unfall bei uns in Zürich auf der Matte standen, machten mich natürlich besonders attraktiv für Sulzer Medica. Der kluge Max Link bot mir dann von sich aus den Sitz in der Geschäftsleitung an: Diese Challenge konnte und wollte ich mir nicht entgehen lassen.

War der Entscheid richtig?
Absolut.

Was war das Schwierigste am neuen Ort?
Damals war ich bekannt wie ein bunter Hund…

… Sie galten als Madame Swissair…
… und genau das musste ich ändern. Ich hatte einen neuen Job, der mich enorm forderte, und ich musste meinen Fokus eindeutig darauf legen. Die Medien schrieben Sulzer Medica reihenweise nieder. Was tun? Meine vier Kollegen aus der Geschäftsleitung wollten augenblicklich Gegensteuer geben. Ich hielt das für gefährlich. Wir mussten doch erst einmal arbeiten und unsere Hausaufgaben machen, um uns dann später wieder zu Wort zu melden. Das haben wir so gehandhabt. Nur

hiess das, dass ich kaum einen Abend vor zehn Uhr nach Hause gekommen bin. Aber ich habe diese Aufgabe sehr geschätzt.

Bei Valora fühlten Sie sich überfordert, bei Sulzer waren Sie offensichtlich am richtigen Ort. Was hat den Unterschied ausgemacht?

Die schiere Grösse von Valora war das Problem für mich. Bei der kleineren Sulzer Medica hingegen, wo ich mich sicher fühlte, konnte ich auch eine Qualität ausspielen, über die Frauen meiner Meinung nach eher selten verfügen: Ich war bei allem Respekt vor meiner Aufgabe sehr optimistisch. Wenn die anderen die Schultern hängen liessen, habe ich gesagt: »Weiter! Das packen wir!« Noch vor der letzten ausserordentlichen GV war Max Link voller Bedenken und sah nur noch schwarz. Ich war voller Optimismus und habe ihm gesagt: »Von wegen! Gib Gas, Max!« Letztlich hat er es brillant über die Bühne gebracht.

Frauen exponieren sich nicht gern. Das sind schlechte Voraussetzungen für einen Job an der Spitze, wo Medienpräsenz ein Muss ist. Niemand weiss das besser als Sie.

Es braucht tatsächlich die Bereitschaft und manchmal auch den Mut, sich zu exponieren. Eine Frau in einer Leitungsfunktion ist viel sichtbarer als jemand im Backoffice. So gerät sie natürlich auch schneller in die Schusslinie und ist mit Kritik konfrontiert. Damit muss sie klarkommen. Am besten gelingt das meiner Meinung nach, wenn man sich nicht versteckt, sondern in die Offensive geht und selber das Gespräch sucht. Dann gerät man gar nicht erst in die Verteidigungshaltung, die Frauen viel zu schnell einnehmen.

Nachdem Sie lange Zeit Everybody's Darling waren, drehte bei Ihrem Weggang von Sulzer Medica auch für Sie plötzlich der Wind. Die Tatsache, dass Sie als Mitglied der Geschäftsleitung Ihre Optionen ausbezahlt bekamen und mit über zwei Millionen Franken verabschiedet wurden, sorgte für böses Blut.
Da ging es in den Medien wirklich hoch zu und her: »Kohlegeil! Abzockerin! 400 000 Franken Jahresgehalt plus zwei Millionen Zuschlag!« Da habe ich mir gesagt: »Nur ruhig.« Ich hatte immer ein gutes Gewissen, weil mir dieses Geld zustand. Hätten wir es nicht gelöst, wären wir alle finanziell abgestraft worden. Abgesehen davon, habe ich eine Million auf dem Steueramt in Zumikon abgeliefert, weil ich alles als Einkommen versteuern musste.

So abgeklärt? Plötzlich waren Sie in der »SonntagsZeitung« die »Absteigerin des Jahres«.
Damit muss man leben können. Ausserdem war mir der Heiligenschein, den mir die Medien vorher verpasst hatten, sehr viel peinlicher. Ewig war ich die »Mutter der Nation«, das empfand ich wirklich als belastend. Ich wusste, dass ich keine Abzockerin bin – und das war für meinen Seelenfrieden die Hauptsache.

Waren die Angriffe auch deshalb so heftig, weil Sie eine Frau sind?
Gut möglich, dass die Erwartungen und Ansprüche an eine Frau grösser sind. Man darf sich noch weniger zuschulden kommen lassen als ein Mann, sonst ist man fällig.

Frauen nehmen schnell einmal etwas persönlich. Sie offenbar weniger.

Dagegen bin ich gefeit – mindestens in den meisten Fällen. Ich sage mir auch: Kritik bringt mich weiter. Da habe ich viel von den Männern gelernt, mit denen ich jahrelang zusammengearbeitet habe. Die gehen zwar nicht immer sorgfältig und sensibel miteinander um, wissen aber, dass eine steife Bise um die Ohren »part of the game« ist, und machen sich deswegen keinen Kopf. Sie sind sehr ehrgeizig, sehr machtbewusst und sehr durchsetzungsfähig. Empathie, also die Fähigkeit, sich in andere hineinzuversetzen, geht den meisten hingegen ab. Männer sind oft Trampeltiere, was allerdings den Vorteil hat, dass sie dickhäutiger sind. Daran sollten sich Frauen hin und wieder orientieren. Es täte vielen gut, etwas robuster durchs Leben zu gehen.

Sie haben mit einigen ganz Grossen auf Augenhöhe verkehrt. Welche Erfahrungen haben Sie gemacht?
Das Wichtigste: Auch Firmenchefs sind ganz normale Menschen. Natürlich sind die allermeisten fachlich nicht nur gut, sondern sehr gut. Wenn man sie dann allerdings zum Beispiel auf Geschäftsreisen auch an den Abenden erlebt, merkt man schnell, dass sie – bös gesagt – eher einfach strukturiert sind. Sie reden über Fussball, Autos, Frauen und im besten Fall über das Geschäft. Sterbenslangweilig. Nicht unterschätzen darf man auch, welch grosse Rolle der Alkohol spielt: »Genehmigen wir uns eine Atombombe!«, heisst das im Jargon. Gemeint sind grässliche Drinks, dank denen man möglichst schnell besoffen wird. Ich habe mich diesen Situationen so weit wie möglich entzogen und bin in meinem Hotelzimmer verschwunden.

Schätzen Männer denn überhaupt die Gegenwart von Kolleginnen?

Ich glaube, im Grunde fühlen sie sich in einer Männerrunde am wohlsten. Sobald eine Frau dabei ist, müssen sie sich sprachlich, thematisch und auch im Ton zusammennehmen. Jeff Katz etwa hat hundertmal geflucht: »Fuck!«, bis ich dazwischen bin: »Jetzt hör aber mal auf, Jeff!« Dann hiess es kleinlaut: »Oh.«

Was haben Sie von den einzelnen Persönlichkeiten gelernt? Beispielsweise von Philippe Bruggisser?
Die Bedeutung des Durchsetzungsvermögens: Entschieden ist entschieden. Das ist der Generalstäbler, der die Schule des Militärs durchlaufen hat und weiss, dass man im Kriegsfall auch nicht ständig diskutieren kann, ob man jetzt weitermarschiert oder sich gescheiter hinter dem Hügel versteckt. Das kann im Extremfall an Sturheit grenzen, oft war es aber die Voraussetzung für effizientes Funktionieren, was unerlässlich ist.

Und von Michael Ringier?
Grosszügigkeit im Denken, aber auch im Handeln. Er hatte immer Zeit für Menschen und ihre Anliegen, was ich sehr bewunderte. Er ist in heiklen Situationen nie in Deckung gegangen, hat sich immer gestellt und mit seiner ruhigen, unaufgeregten Art die Dinge angepackt. Er hat immer Zivilcourage gezeigt und ist zutiefst loyal. Einmal musste er seiner Sekretärin kündigen, und das hat ihn tagelang beschäftigt. Dann hat er sich hingesetzt und ihr einen mehrseitigen Brief geschrieben und seinen Entscheid subtil und ehrlich erklärt. Heute eine Episode wie aus dem Märchenbuch.

Was hat Sie an Walter Fust beeindruckt, den Sie erlebten, als er den Warenhauskonzern Jelmoli kaufte?

Etwas ganz Entscheidendes. In jener Nacht, als der Verkauf abgewickelt wurde und sich Heerscharen von Anwälten gegenüberstanden, sass Fust am Tisch, blieb völlig ruhig und sagte bloss: »Ich will noch das und das, und das muss auch noch geregelt werden.« Ich habe diesen kleinen Mann, den alle im Haus nur »den dipl. Ing.« nannten, angeschaut und immer wieder gedacht: Das glaub ich nicht. Alle anderen flatterten wie aufgescheuchte Hühner im Raum herum. Fust sass stoisch auf seinem Platz. Dank ihm habe ich kapiert, dass Ruhe vor allem in Situationen, in denen es stürmt und hagelt, das Beste ist.

Gab es auch Vorgesetzte, die Ihnen weniger gut in Erinnerung geblieben sind?
Crossair- und Swiss-Chef Moritz Suter, dessen Leistung ich durchaus anerkenne, ist mir zu egoistisch und hat die Kommunikation missbraucht, um seinen eigenen Glanz zu steigern – und das auf Kosten anderer. Ich hatte ihn durchschaut, und das mögen Männer nun überhaupt nicht. Mit Mario Corti habe ich nur kurz zusammengearbeitet. Woran ich mich allerdings lebhaft erinnere, ist seine unglaubliche Eitelkeit. Am liebsten hatte er »Blick«-Schlagzeilen wie »Jetzt ist Super-Mario am Steuer«. Die hat er ausgeschnitten, wir mussten sie bei Bedarf glattstreichen, und in einem Fall musste ich sogar zwei neue »Blick«-Exemplare im Ringier-Haus besorgen. Eric Honegger hatte man in die Doppelfunktion als Verwaltungsratspräsident und CEO der Swissair geschubst, für die er nicht geschaffen war. So konnte es passieren, dass er am Morgen in meinem Büro stand und nicht genau wusste, was er jetzt machen sollte *(schmunzelt).*

Im vielleicht wichtigsten Moment Ihrer Karriere, der kommunikativen Bewältigung des Flugzeugabsturzes von Halifax, brillierten Sie und stellten Ihren damaligen Vorgesetzten Philippe Bruggisser in den Schatten. Eine Katastrophe wie Halifax ist der Super-Gau jeder Fluglinie, den man zwar theoretisch vorwegnehmen, sich aber letztlich nicht mit allen Konsequenzen vorstellen kann. Wie haben Sie diese Krise bewältigt?
Wir standen alle im Schatten in jenen Tagen und Wochen. Philippe Bruggisser hat mir vertraut, und ohne seine vorbehaltlose Unterstützung hätte ich es nicht geschafft, in der Öffentlichkeit zu bestehen. Zudem war wichtig, dass ich als ehemalige Journalistin über eine gute Handwerkskiste verfügte und auf der Stelle wusste: Jetzt gibts nur noch eins – Medien, Medien, Medien. Am Tag des Absturzes führten wir bereits morgens um sieben Uhr die erste Pressekonferenz durch. Zu dem Zeitpunkt wurde zwar noch nach Überlebenden gesucht, aber Bruggisser hatte mir gesagt, dass ein Absturz aus der Höhe, in der sich das Flugzeug befunden hatte, einem Aufprall auf eine Betonplatte gleichkomme und wir mit 229 Opfern rechnen müssten. In dem Moment begann ich zu rotieren. Schlagartig erinnerte ich mich an jenen Tag im Jahr 2000, an dem alle 47 Särge mit den Schweizer Opfern des Attentats im ägyptischen Luxor am späten Abend nach Kloten überführt wurden. Da mussten wir auch in einer Nacht-und-Nebel-Aktion den Hangar mit schwarzen Tüchern abdecken, Blumen und Kerzen auftreiben und alles parat machen, weil Bundesrat Moritz Leuenberger den Toten die letzte Ehre erweisen wollte. Der Anblick dieser 47 Särge hat mich zutiefst erschüttert. Und nun stand die Zahl 229 im Raum. Da hiess es, ruhig Blut bewahren, in extremis Prioritäten setzen und auf keinen Fall »ausfransen«, was bedeutet: Die Punkte eins bis drei erledigen, die Punkte vier bis dreissig vergessen. Das ist ein Vor-

gehen, das Frauen nicht behagt, weil sie ihren Alltag meistens aus dem Helikopter betrachten, alles im Blick haben und fünf Dinge gleichzeitig erledigen können. Wehe, wenn sie dabei einen Berg dreckige Wäsche erblicken und nicht sofort beseitigen können!

Bleiben wir noch einen Moment bei Halifax. Wie war Ihr Verhältnis zu Bruggisser in jenen Tagen?
Er hat mir immer sehr viel Respekt für meine Leistung entgegengebracht, ist aber ein Mensch, der zu anderen eine gewisse Distanz aufrechterhält. Nach Halifax schmolz dann diese Distanz, und wir brauchten einander nur anzuschauen, um zu wissen, was wir als Nächstes machen mussten. Er hat sich hundertprozentig auf mich verlassen, was für mich ein grosser Vertrauensbeweis war.

Welches Fazit haben Sie nach der Bewältigung dieser Extremsituation für sich gezogen?
Meine wichtigste Erkenntnis aus der Krisenkommunikation im Allgemeinen und Halifax im Besonderen ist, dass jeder Mensch viel mehr kann, als er sich zutraut. Diese Aussage sollten sich vor allem die Frauen zu Herzen nehmen, denn sie sind immer unglaublich schnell mit der Frage zur Hand: Kann ich denn das? Diese Frage ist mir auch nicht fremd. Nur beantworte ich sie meistens mit Ja *(lacht)*. Selbstkritik ist wichtig, und Frauen haben viel davon, aber sie darf nicht zum Karrierekiller werden. Irgendwann müssen auch wir Frauen die Wenn und Aber auf der Seite lassen und wirklich einen Schritt nach vorn wagen.

Dann würden Sie der Aussage des Zolliker Unternehmensberaters Klaus J. Stöhlker zustimmen, der einmal meinte: »Wenn

eine Hürde kommt, muss man springen« – Hürde im Sinne eines attraktiven Stellenangebots?
Nicht vorbehaltlos. Das ist mir zu grob gestrickt. So denken in erster Linie Männer, die ja ständig den Satz auf den Lippen haben: »What's your next career step?« Ich habe etliche sehr verlockende Jobangebote ausgeschlagen, weil sie im falschen Moment kamen oder in einer Branche angesiedelt waren, die mir nicht zusagte. Bereut habe ich diese Entscheide nie.

Wir haben jetzt über vieles gesprochen, was Frauen auf ihrem Karriereweg unterstützen kann. Was sind die schlimmsten Fehler, die No-Gos?
Übermässig viel Emotionalität. Ich gebe Ihnen ein Beispiel: Ich war Leiterin der Unternehmenskommunikation bei Ringier und musste die Einstellung des »Frauenblicks« kommunizieren. Das hat mir so leidgetan, weil ich all die Redaktorinnen und Redaktoren kannte, und so bin ich bleich und mit Grabesstimme vor die Kameras getreten und habe viel zu viel Betroffenheit verströmt. Das geht natürlich nicht; in so einem Moment wäre von mir Coolness, also Professionalität, gefordert gewesen.

Und sonst? Was geht ebenfalls nicht?
Kontrollverlust und Tränen. Mein Abgang bei Ringier, den ich als echten Karriereknick bezeichnen würde, war schlecht. Da hatte ich mich und mein Temperament nicht im Griff und habe böse Fehler gemacht. Nach diesem Eklat war klar, dass ich meinen Platz räumen musste.

Werden Sie doch etwas konkreter!
Ich möchte nach über zwanzig Jahren nicht über diese leidige Angelegenheit reden; Michael Ringier und ich haben damals

Stillschweigen beschlossen. Dafür erzähle ich Ihnen eine andere Episode aus meinem Berufsleben, bei der ich es ebenfalls an Souveränität fehlen liess: Drei Monate nach Halifax organisierten der Verwaltungsrat und die Konzernleitung der Swissair ein Mittagessen, an dem sie sich bei sehr feinem Wein zuprosteten und gegenseitig auf die Schultern klopften: »Das haben wir anständig gelöst.« Die Einzige, die sie nicht eingeladen hatten, war ich. Das habe ich erst realisiert, als sie eine Unterlage von mir brauchten und mich deshalb kommen liessen. Als ich kapierte, was da ablief, sind mir alle Sicherungen durchgebrannt. Ich bin ab wie eine Rakete und habe getobt: »Die Einzige, die wochenlang Tag und Nacht geschuftet hat und sich ohne jeden Vorbehalt in das Kreuzfeuer der Medien stürzen musste, um Schaden von euch und der Firma abzuwenden, war ich – und ihr feiert ohne mich!« Nachher bin ich rausgerauscht, habe die Tür hinter mir zugeschlagen, bin in mein Büro und habe losgeheult. Meine Sekretärin, die mich noch nie so erlebt hatte, war zu Tode erschrocken. Kurz darauf kam Bruggisser angeschlichen. Kreidebleich und total betrübt. Es tue ihm so leid, seufzte er. Daran habe er überhaupt nicht gedacht. Ich gnadenlos: »Raus!« Später kam auch noch Verwaltungsratspräsident Hannes Goetz, dem es ebenfalls wind und weh war. Den habe ich ebenfalls unter Tränen »abgeputzt«. Ich war zutiefst verletzt.

Ihre Reaktion ist nachvollziehbar ...

... aber völlig unsouverän. Ich hätte meinen Ärger runterschlucken, eisig lächelnd hinausstolzieren, meine Sachen packen, ins Kino gehen oder mir eine Chanel-Jacke kaufen sollen und meinen Zorn verdampfen lassen. Sie hatten es ja wirklich nicht böse gemeint, es ist ihnen schlicht nicht in den Sinn gekommen, mich einzuladen.

Typisch Männer?
Ja, klar. Männer denken anders, in erster Linie an sich. Dann an ihre Kollegen, ihre Vorgesetzten, ihre Verbündeten und ihre Feinde. Sie denken geradlinig, auf gleicher Höhe oder in Richtung nächst höherer Ebene. Sie denken nicht im Radar-Modus und schon gar nicht rückwärts oder abwärts. Ich habe dieses Muster auch bei Frauen gesehen, die nach oben gespült wurden.

Wie ist Ihr Verhältnis zu Frauen gewesen, zu Kolleginnen und Mitarbeiterinnen?
Ich bin, wie gesagt, keine Heilige, aber im Allgemeinen bin ich doch sehr gut mit meinen Kolleginnen und Mitarbeiterinnen ausgekommen. Ich habe auch selten Zickenkriege im Berufsalltag erlebt. Was ich manchmal bedauert habe, ist, wie selten Frauen anderen Frauen helfen. Das halte ich für einen echten Mangel, den Frauen beheben sollten. Zum Beispiel, indem sie viel mehr Zeit und Energie in ihre Networking-Aktivitäten investieren.

Was halten Sie von einer Frauenquote?
Mir ist alles zuwider, was aufoktroyiert wird. Ich hätte mich bedankt, wäre ich eine Quotenfrau gewesen. Dessen ungeachtet, komme ich langsam zur Überzeugung, dass es einen Anschub braucht, um die Frauen vermehrt in Führungspositionen zu bringen. Vielleicht geht es nicht ohne Quote. Doch viel besser wären Frauen, die sich mehr zutrauen und ihre Karriereziele auch tatkräftig verfolgen und umsetzen.

Lust auf Herausforderungen

Die 24-jährige Studentin der Rechtswissenschaften Tilla Caveng weiss aus Erfahrung, dass sie unheimlich viel erreichen kann. Sie muss es sich nur zutrauen und ausprobieren.

Alice Schwarzer? Sie lacht und sieht ziemlich ratlos aus. Den Namen habe sie schon mal gehört, aber sie wisse ehrlich gesagt nicht, wer das sei. Der gendergerechten Sprache macht sie gleich auch noch den Garaus: Ärztinnen und Ärzte? Solche Doppelformen nerven sie; die finde sie umständlich. In ihren Augen könne mit einem Juristen auch eine Frau gemeint sein. Uff, jahrzehntelange Kämpfe um Gleichberechtigung – und dann das!

Doch Tilla Caveng kann auch anders. Auch wenn es ihr egal ist, ob man sie als Student oder als Studentin bezeichnet, verfügt sie über ein glasklares Bewusstsein für die Bedeutung ihres Jusstudiums und des beruflichen Weges, den sie einschlagen will. Wenn sie erzählt, wie sie ihre Ausbildung plant, vorantreibt und meistert, weiss man auf der Stelle, dass man eine emanzipierte junge Frau vor sich hat.

Schon mit vierzehn wollte sie Jus studieren, einen Plan B hatte sie nicht. Dabei gab es in ihrer Familie keinen einzigen Anwalt. Als sie sich ein Bild vom Alltag in einer Kanzlei machen wollte, war sie auf Bekannte ihrer Mutter angewiesen, die sie ein paar Tage schnuppern liessen. Da war sie siebzehn.

Kurz vor Studienbeginn an der Universität Zürich lernte sie einen etwas älteren Jusstudenten kennen, den sie mit Fragen überhäufte. Er gab ihr bereitwillig Auskunft und riet, sie solle unbedingt Mitglied des Studentenvereins Elsa, der European Law Students' Association, werden. Dort lerne sie Leute kennen, komme frühzeitig an wichtige Informationen heran, könne an Lerngruppen teilnehmen und interessante Vorträge hören. Warum nicht, sagte sich Tilla Caveng. Sie wollte als Erstsemestrige nicht wie viele andere in der Flut der Infos und der Menge der 700 Neulinge untergehen.

Der Entscheid, Elsa beizutreten, war goldrichtig. Dort ist sie eingebettet in einen Kreis Gleichgesinnter, erfährt Tricks und Kniffe, etwa wie sie sich einen der raren Plätze für die Fallbearbeitungen der Strafrechtler sichern kann, die normalerweise innerhalb von fünf Minuten besetzt sind. Sie geniesst aber auch die geselligen Treffen mit Kommilitonen, mit denen sie nicht nur feiert, sondern auch Zusammenfassungen wichtiger Vorlesungen austauscht.

Theoretisch hätte Tilla Caveng ihren Bachelor in drei Jahren machen können. Doch sie wusste von Kollegen, die unter dem zeitlichen Druck in einen »mega Stress« geraten waren und zuletzt so schlechte Noten hatten, dass sie nur mit Mühe einen Platz in einer attraktiven Anwaltskanzlei fanden. Das war überhaupt nicht nach ihrem Geschmack. Sie wollte kein schlechtes Zeugnis. Dafür ist sie zu ehrgeizig, woraus sie keinen Hehl macht: »Ich arbeite diszipliniert«, sagt sie, »will gute Leistungen abliefern und das Beste erreichen, was mir möglich ist.« Es sei ihr wichtig, dass sie Chancen packe und nicht aus Angst vor Überforderung vorbeiziehen lasse. Eine solche Gelegenheit bot sich ihr im vierten Semester, als ihr ein international tätiges Unternehmen in Zürich einen Zwanzig-Prozent-Job im Rechtsdienst anbot. Die Firma beschäftigt vor allem Ingenieure und Informatiker und zählt 630 Mitarbeitende, Tendenz steigend. Sie war zwanzig, als sie dort begann, und musste sich von Grund auf in die neue Materie einarbeiten. Dreieinhalb Jahre später hat sie Hunderte von Verträgen überprüft, zum Teil sogar aufgesetzt, viele davon auf Englisch. Sie führt das Archiv und reiste schon mehrmals nach London, um am dortigen Standort delikate Schriftsätze zu kontrollieren. Sie ist froh um ihr Einkommen, geradezu »genial« findet sie aber, wie viel sie gelernt und an praktischer Erfahrung gesammelt hat: »Damit steigere ich auch meine künftigen Chancen auf dem Stellenmarkt«, erklärt sie. »Denn wer mit 25 von der Uni kommt und noch nie unter einem Chef gearbeitet und seine Teamfähigkeit bewiesen hat, dürfte es wesentlich schwerer haben.«

Um ihren Wert auf dem Stellenmarkt zu testen und noch mehr Arbeitserfahrung zu bekommen, beschloss sie schon früh, sich zusätzlich um ein mehrwöchiges Praktikum in einer grossen Kanzlei zu bewerben. Mehr aus Jux tippte sie bei Google »10 biggest law firms Zürich« ein. Darauf kontaktierte sie unter anderem eine international tätige Wirtschaftskanzlei, die – so hatte sie an der Uni gehört – nur Studenten nimmt, die mindestens einen Fünfer-Notenschnitt aufweisen. Als sie ein Semester mit einem guten Schnitt beendet hatte, wagte sie sich vor und erhielt zu ihrer Verblüffung bereits zwei Tage später eine Antwort per Mail. Nach einem kurzen Telefonat war alles klar – und sie für ein fünfwöchiges Praktikum gebucht. Sie war zwar überglücklich, aber gleichzeitig gestresst: Wie würde man bei ihrem Arbeitgeber auf diese lange Absenz reagieren? Sie fasste sich ein Herz, legte die Karten auf den Tisch und bekam problemlos ihre Freistellung: »Ja, man gratulierte mir sogar zur Möglichkeit, an einem spannenden Arbeitsort viel Neues zu lernen.«

Das tat sie dann auch. Sie machte juristische Recherchen in den Bereichen Gesellschafts-, Steuer-, Medizin- und Vertragsrecht, übersetzte Texte aus verschiedenen Rechtsgebieten vom Deutschen ins Englische und umgekehrt und setzte auch Verträge auf. Man habe ihr als Praktikantin grosses Vertrauen geschenkt, erzählt sie, und ihr das Gefühl vermittelt, man nehme sie ernst. Einmal musste sie beispielsweise für eine leitende Anwältin einen Brief entwerfen, den ihr diese korrigiert zurücksandte. Nachdem Tilla Caveng die Anpassungen vorgenommen hatte, fragte die Juristin die Praktikantin, wie sie den Fall einschätze: »Sie hatte sich natürlich längst ihre Meinung gebildet«, lacht die 24-Jährige, »wollte mir aber die Möglichkeit geben, mich auch zu äussern.« Das habe sie toll gefunden. Ja, das ganze Praktikum habe ihr »mega, mega Spass gemacht«. Und so war sie völlig aus dem Häuschen, als man ihr anbot, nach Abschluss des Studiums wiederzukommen – diesmal für ein Jahr. »Sie waren wohl zufrieden mit mir«, sagt sie ein bisschen verlegen.

Sie hat sich aber auch reingekniet, klaglos zwölf Stunden am Tag gearbeitet und das Gefühl weggesteckt, dass sie trotz mehrerer Jahre Jusstudium bei null anfangen müsse, so anders, neu und anspruchsvoll sei die tägliche Arbeit an der Front, der Kontakt mit »realen« Klienten, deren Einschätzung und das Herauskristallisieren ihrer Wünsche gewesen. Gleichzeitig spürte sie natürlich, dass sie als Neuling unter Beobachtung stand: »Ich glaube, die grossen Kanzleien betrachten solche Praktika auch als ausführliche Bewerbungsgespräche, in denen sie Kandidaten auf Herz und Nieren prüfen.« Dass sie diese Bewährungsprobe bestanden und bereits die Zusage für eine Weiterbeschäftigung hat, freut sie umso mehr, als sie für die

Anwaltsprüfung zwölf Monate in einer Kanzlei oder beim Gericht gearbeitet haben muss.

Eine zusätzliche Qualifikation war ihr sogar 4500 Franken wert: Nachdem sie im Internet die Fotos der altehrwürdigen Universität von Oxford gesehen hatte, beschloss sie, eine dreiwöchige private Weiterbildung für Juristen und Jusstudenten an der dortigen Summer Law School zu besuchen. Eine Investition, die sich gelohnt habe.

Tilla Caveng ist sich bewusst, dass es an der Uni vielleicht Kollegen gibt, die sie für eine Streberin halten oder für eine, die meine, sie sei etwas Besonderes. Damit könne sie leben, konstatiert sie mit einem Achselzucken. Solange sie nicht in den Pausen der Vorlesung zum Professor gehe, um bei ihm einen »besonders guten Eindruck« zu machen, finde sie ihr Verhalten vertretbar. Sie lacht schallend und wirkt völlig entspannt. »Die Leute, die Mitglied bei Elsa sind, sind tatsächlich eher ambitioniert«, fährt sie fort. Viele machten Praktika, sehr viele seien darauf bedacht, vorwärtszukommen: »Wo ist das Problem?«

In einer anderen Gruppe, in der Tilla Caveng verkehrt, werden nur drei von ursprünglich acht Kollegen das Jusstudium abschliessen, und nur zwei wollen an die Anwaltsprüfung. Die anderen haben das Studium abgebrochen und eine andere Ausbildung begonnen. Sie ist glücklich, dass sie intuitiv die richtige Wahl getroffen hat, auch wenn nicht alles planbar sei und sie nicht immer alles im Griff habe: »Ich probiere vieles aus«, erzählt sie, »mache Schritt für Schritt, manches missrät, etliches gelingt, und so gewinne ich an Selbstvertrauen.« Dank dem erfolgreichen Praktikum sei natürlich ihr Mut gewachsen. Das sei auch nötig, wisse sie doch, dass sie angesichts der riesigen Konkurrenz von Hunderten von Juristen und immer mehr Juristinnen, die allein in Zürich ihren Abschluss machen, überdurchschnittlich gut sein müsse, wenn sie eine attraktive Stelle finden wolle. Hört man ihr zu, mit welcher Lust sie von ihrer beruflichen Zukunft spricht, weiss man, dass sie ihren Weg machen wird.

Die Lust, Herausforderungen anzunehmen, begleitet sie schon länger. Mit fünfzehn verbrachte sie ein Austauschjahr in Südaustralien, in einem 4000-Seelen-Dorf, drei Stunden von Adelaide entfernt. Sie weiss zwar nicht mehr ganz genau, warum der Wunsch, in die Fremde zu gehen, so früh aufkam. Gut erinnern kann sie sich aber, dass sie von Anfang an klarstellte: »Wenn ich gehe, gehe ich richtig weit weg.« Von wegen England oder Frankreich; nein, sie wollte nach Neuseeland, Kanada oder in die USA. Die Austauschorganisation schickte sie nach Australien, eines der wenigen Länder, die bereits Fünfzehnjährige willkommen heissen. Als das Reiseziel feststand, reagierten viele Leute aus ihrem Umfeld irritiert, ja erschrocken: Wie können Eltern nur ihre halbwüchsige Tochter ans andere Ende der Welt schicken? Tilla Caveng schiebt ihre langen dunkelbraunen Haare sorgfältig hinter ein Ohr und schmunzelt. Ihre Mutter habe immer geantwortet, dass sie sich keine Sorgen um ihre Tochter mache, sondern höchstens neidisch sei, dass Tilla ein Jahr im Ausland verbringen könne. Es gebe doch nichts Schöneres für einen jungen Menschen, als die Welt zu erkunden.

Das Mädchen lernte perfekt Englisch, kam mit vielen Leuten in Kontakt und machte sich mit einer Kultur vertraut, die ihr zunächst fremd war. Es kostete die Schweizerin etliche Wochen, bis sie den speziellen Witz der Australier durchschaute, der ihre gesamte Kommunikation durchzieht. Dazu hatte sie auch Mühe mit dem Akzent. Sie stöhnt noch heute, wenn sie sich an diese Zeit erinnert: »Am Anfang war es brutal schwierig für mich, weil ich nicht kapiert habe, worüber die

Leute gesprochen und vor allem gelacht haben.« Doch sie biss sich durch. Im Verlauf des Jahres, in dem sie zwar stets dieselbe Schule besuchte, aber bei verschiedenen Gastfamilien wohnte und mehrwöchige Reisen durchs Land unternahm, legte sie ihre Schüchternheit ab und wurde offener und selbstbewusster. Sie machte eine Erfahrung, die ihr weiteres Leben prägen sollte: Sie konnte unglaublich viel erreichen; sie musste es sich bloss zutrauen und ausprobieren.

Als sie mit sechzehn in die Schweiz zurückkam, schaffte sie den Anschluss an ihre alte Klasse dank einer Parforce-Leistung. Sie las in den Sommerferien bergeweise Deutschliteratur und naturwissenschaftliche Lehrbücher und absolvierte in Deutsch und Biologie anspruchsvolle Nachprüfungen. Das ging zwar an die Substanz, war aber harmlos im Vergleich zu dem, was ihr noch bevorstand.

Am ersten Schultag begrüssten ihre Kolleginnen sie noch mit grossem Hallo und waren freundlich zu ihr: »Hey, Tilla, wie wars? Wie gehts?« Doch ab dem zweiten Tag begegneten sie ihr mit Schweigen, antworteten nicht, wenn sie etwas fragte, wichen ihr regelrecht aus, wenn sie im selben Raum mit ihr waren. Sie verstand die Welt nicht mehr: »Ich hatte keine Ahnung, was los war. Hatte ich mir irgendetwas zuschulden kommen lassen? Hatte ich jemanden beleidigt, ohne mir dessen bewusst zu sein? Ich war völlig perplex.« Nach und nach sei sie zum Schluss gekommen, dass es die anderen wohl genervt habe, dass sie ein Jahr weg gewesen sei und trotzdem in die alte Klasse zurückdurfte: »Wahrscheinlich meinten sie, ich hätte Badeferien gemacht und sei in Australien ständig auf dem Surfbrett gestanden.« Den genauen Grund kennt sie bis heute nicht.

In den beiden nächsten Jahren kam sie erstmals in ihrem Leben an ihre Grenzen. »Ich mochte nicht mehr und wollte nur noch eins: raus aus dieser Klasse, und wenn ich dafür ein Jahr hätte wiederholen müssen.« Doch ihre Mutter überzeugte sie, dass es schade wäre, wenn sie nach all den Anstrengungen aufgeben würde. Die junge Frau lenkte ein und fand einen Ausweg: Sie freundete sich mit einer Klassenkameradin an, die ebenfalls allein stand und von den anderen gemieden wurde. Zusammen bewältigten sie die Zeit bis zur Matura. Als sie das Gymnasium endlich hinter sich hatte, war sie so glücklich wie schon lange nicht mehr. Sie war fällig für eine Veränderung und begann den neuen Lebensabschnitt an der Universität mit viel Elan.

Seither sind fast fünf Jahre vergangen. Im Sommer 2015 wird sie, wenn alles rundläuft, ihren Master machen, danach ein Jahr arbeiten und die Anwaltsprüfung ablegen. Eine Dissertation hält sie momentan nicht für vorrangig. Stattdessen liebäugelt sie mit einem zweiten Master im Ausland, einem sogenannten LLM, den sie gern in den USA oder England erwerben würde. Denkbar wären anschliessend einige Jahre Arbeit im englischsprachigen Raum. Das sind ziemlich konkrete Karrierepläne, oder nicht? Sie lacht so unbeschwert, wie man nur mit 24 lachen kann: »Ich will mein eigenes Geld verdienen, um ein eigenständiges Leben führen zu können. Aber Chefin der grössten Anwaltskanzlei Europas will ich momentan nicht werden.«

Innerhalb von Elsa hat sie allerdings schon Führungserfahrung gesammelt und erste Karriereschritte geprobt. So sass sie in Zürich im Vorstand der Studentenvereinigung und kümmerte sich um die Vermittlung von Praktika im Ausland, später war sie für das Marketing verantwortlich, zuletzt präsidierte sie die Zürcher Sektion. Gleichzeitig bekleidete sie im nationalen Verband das Amt einer Vice President for Academic Activities. Die Mitarbeit in einer Vereinigung, die in vierzig

Ländern vertreten ist, kostet zwar viel Zeit und Geld, da die internationalen Treffen in ganz Europa stattfinden und die Reisekosten von den Teilnehmern vorwiegend selber bezahlt werden müssen. Dafür hat dieses Engagement Tilla Caveng den Kontakt mit vielen Berufskollegen ermöglicht, mit denen sie sich fachlich, aber auch persönlich austauschen kann. Inzwischen ist sie breit vernetzt: Wenn sie morgen nach Paris müsste, könnte sie problemlos bei einem französischen Elsa-Mitglied unterkommen; einer Jusstudentin aus London hilft sie mit einer Adresse aus und erhält im Gegenzug einen wertvollen fachlichen Rat. Sie fühlt sich wohl in diesem Kreis, weil sie weiss, dass die Elsa-Leute einen ähnlichen Hintergrund haben wie sie: »Alle haben Power«, sagt sie, »und suchen nach Mitteln, um ihr Bestes zu geben.«

Erst operativ tätig und dann in den Stab

Carol Franklin, 64, wollte in ihrem Leben vor allem eins: etwas bewegen. Sie weiss, was es braucht, um Erfolg zu haben, aber auch, wie sich Niederlagen überwinden lassen.

Carol Franklin, Sie haben nicht nur in der Wirtschaft, sondern auch im Militär Karriere gemacht. Zuletzt bekleideten Sie den Rang eines Hauptmanns und waren zwölf Jahre Divisionsrichterin. Was haben Sie im Militär gelernt?
Die Grundlagen der praktischen Führung, die ich eins zu eins auf die Wirtschaft übertragen konnte. Dazu habe ich am eigenen Leib erfahren, dass Frauen entgegen weitverbreiteter Vorurteile sehr gut zusammenarbeiten können, und ich habe Menschen kennen gelernt, die ich mit meinem behüteten Mittelstandshintergrund sonst nie getroffen hätte. Das war eine Erfahrung, die meinen Horizont enorm erweitert hat. Ich habe meinen Entscheid auf jeden Fall nie bereut. Ganz im Gegenteil. Ich fand es wirklich spannend im Militär.

Wie sind Sie überhaupt auf die Idee gekommen, ins Militär zu gehen?
1971, als die Schweizer Frauen das Stimm- und Wahlrecht bekamen, war ich genau zwanzig und damit also berechtigt,

auch abstimmen und wählen zu gehen. In jener Zeit wurden die Vorwürfe immer lauter, dass wir Frauen bloss die gleichen Rechte gewollt hätten, uns nun aber vor den gleichen Pflichten drücken würden. Darüber habe auch ich mich wahnsinnig geärgert und beschlossen, Militärdienst zu leisten. Es war mir wirklich ein Anliegen, zu beweisen, dass wir Frauen ernst zu nehmende Mitglieder der Gesellschaft sind, die Rechte verdient haben, aber auch ihre Pflichten erfüllen. Da kommt ein starkes Gefühl von Verantwortung zum Ausdruck. Man kann es auch Pflichtbewusstsein oder Leistungsanspruch nennen, was sich auf die Formel reduzieren lässt: Euch zeig ichs. Das kann ich auch. Es gab in meinem Leben verschiedene Schlüsselerlebnisse, bei denen ich diesem Impuls gefolgt bin.

Erzählen Sie!
Angefangen hat es schon in der sechsten Klasse mit einem Lehrer, der fand, es sei doch nicht nötig, dass ein Mädchen das Gymnasium besuche. Als ich an dem Tag nach Hause gekommen bin, habe ich meinen Eltern unmissverständlich klargemacht: Ich gehe ans Gymnasium. Das habe ich dann auch durchgezogen. Ein weiteres Beispiel betrifft die Firma Star-Film, meinen ersten Arbeitgeber direkt nach dem Studium. Ich war dort für die Kommunikation zuständig. Als eines Tages die Sekretärin kündigte, hiess es, ich sei so effizient und solle doch bitte auch noch ihre Aufgaben übernehmen. Zum gleichen Lohn natürlich. Ich war konsterniert und vor allem überzeugt, dass mein Chef mit einem solchen Ansinnen niemals an einen männlichen Mitarbeiter gelangt wäre. Kurz entschlossen habe ich gekündigt und meine Dissertation, übrigens zum Thema »Frauen in den Romanen von Doris Lessing, Iris Murdoch und Margaret Drabble«, in Angriff genommen, weil Frauen eine Qualifikation mehr aufweisen müssen, um

mit männlichen Stellenbewerbern mithalten zu können. Das dritte der Schlüsselerlebnisse, die mich sehr geprägt haben, hatte ich bei Swiss Re, meinem nächsten Arbeitgeber. Ich war bereits fünf Jahre angestellt und noch immer nicht befördert worden. Der zuständige Generaldirektor erklärte mir, meine Nicht-Beförderung habe nichts mit meinem Frausein zu tun, sondern ausschliesslich mit »fehlender Reife«. Heute verstehe ich seine Aussage, aber damals fand ich es erstaunlich, dass zu jenem Zeitpunkt schon verschiedene meiner Kollegen befördert worden waren, die ich überhaupt nicht reifer fand als mich. Die Folge? Ich mobilisierte meinen Widerstandsgeist und wurde bei Swiss Re im Laufe der Jahre mehrfach befördert.

Das Frauenthema hat Sie offenbar von früh an begleitet.
Es war immer mein Thema. Ich habe mich auch stark in der Frauenbewegung engagiert. Als mich Ulrich Bremi, seinerzeit Verwaltungsratspräsident bei Swiss Re, Anfang der Neunzigerjahre fragte, ob ich das Frauenförderungsprogramm »Taten statt Worte« einführen und begleiten würde, war ich begeistert. Auch wenn die Swiss Re Frauen immerhin den gleichen Lohn zahlte, gab es fast keine weiblichen Kadermitglieder, und ich war als Chefin Luftfahrt die einzige Frau, die im operativen Geschäft einen so hohen Rang bekleidete. Damit verkörperte ich für viele Mitarbeiterinnen eine Art »role model« oder Vorbild, was es mir erlaubte, ihnen einiges an Unterstützung und Rückendeckung zu geben.

Was konnten Sie konkret bewirken?
Einige Frauen haben dank meinem Anschub den Sprung in die Direktion geschafft. Ich erinnere mich gut an eine Kollegin, die nett und fachlich gut war, aber vor Angst, sich zu ex-

ponieren, fast gestorben ist. Ihr habe ich klargemacht: »Das geht so nicht! Du musst mindestens einmal pro Monat vor einer Gruppe von Leuten das Wort ergreifen und zu widersprechen wagen.« Ich habe ihr garantiert, dass ich ihr den Rücken stärke, wenn etwas schieflaufen würde. Natürlich ist sie ein paarmal ins Fettnäpfchen getreten; dann bin ich mit ihr zu ihrem Chef, um die Situation gemeinsam auszubügeln. Frauen haben wirklich viel Angst, gegen die sie angehen sollten.

Sie verfügen über ein gesundes Selbstbewusstsein und haben im Laufe Ihrer Karriere auch Konflikte riskiert, die Sie eine Stelle gekostet haben.
(lacht) Ich bin tatsächlich sehr direkt, geradlinig, ehrlich und damit oft auch undiplomatisch. Ich bin einfach zu blöd, um zu lügen. Weil ich ein sehr schlechtes Gedächtnis habe, wüsste ich nie, wem ich welchen Bären aufgebunden hätte. Immerhin bin ich so schlau und kenne diese Schwäche.

Beim WWF waren Sie drei Jahre Chefin Schweiz und mussten nach einem internen Machtkampf gehen; so stand es jedenfalls in der Zeitung. Was war da genau passiert?
Ich glaube, es war nicht so geschickt von mir, in einer Stiftungsratssitzung gewisse Mitglieder als ungeeignet zu bezeichnen, darunter auch die Präsidentin. Da kam wieder mein Pflichtbewusstsein zum Ausdruck, das mich zu einer klaren Identifikation mit dem WWF und seinen Zielen zwang. Ich fühlte mich verantwortlich für seine Reputation und konnte es nicht hinnehmen, dass sich einzelne Personen aus ihrer Position beim WWF persönliche Vorteile verschafften. Mit solcher Kritik habe ich mich natürlich in die Nesseln gesetzt. So wurde ich ohne Angabe von Gründen rausgeschmissen und hätte Stillschweigen bewahren sollen zu all den Erfahrungen,

die ich gemacht habe. Daran habe ich mich selbstverständlich nicht gehalten.

Sie sind wirklich von entwaffnender Ehrlichkeit und haben sich nie gescheut, auch in Interviews zu Niederlagen und beruflichen Abstürzen Stellung zu nehmen. Ist das wirklich der richtige Weg? Läuft man damit nicht Gefahr, sich selbst zu schaden?
Im Grunde genommen finde ich es wichtig, dass wir lernen, auch mit Niederlagen umzugehen. Man macht ja überhaupt keine Fortschritte, wenn man solche Erfahrungen zu verschleiern sucht, statt Lehren daraus zu ziehen. Doch ganz so einfach ist es nicht. Das musste ich realisieren, als ich 2004 oder 2005 an einem Apéro bei Headhunter Björn Johansson war und mit Eric Honegger, dem ehemaligen Konzernchef und VR-Präsidenten der SAirGroup, plauderte. Er ist ja mehrmals brutal abgestürzt. Ich kannte ihn, fand ihn immer nett und interessant, doch während des Gesprächs traf mich folgender Gedanke wie ein Blitz: »Wenn die anderen Gäste sehen, dass ich mit Honegger rede, färbt sein Verlierer-Image auf mich ab.« Ich war geschockt. Ausgerechnet eine Person, die selber schon einige Niederlagen erlitten hat, erwischt sich bei einem solchen Gedanken. Diese Episode zeigt, wie ungnädig unsere Gesellschaft mit Verlierern umgeht.

Eine dieser Niederlagen kassierten Sie 2006, als die Eidgenössische Bankenkommission, EBK, den Konkurs über die Prime Forestry Switzerland eröffnete, jene Gesellschaft, in deren Verwaltungsrat Sie sassen und deren Aktionäre in die Teakholzproduktion auf Ihrer Plantage im mittelamerikanischen Panama investierten. Sie hatten sich juristisch nichts zuschulden kommen lassen; trotzdem gingen Sie hart mit sich ins Gericht. Was nahmen Sie sich so übel?

Dass es überhaupt zum Konkurs kommen konnte und ich nicht gemerkt hatte, dass etwas schieflief. Der Liquidator und die Vertreter der EBK meinten zwar, das hätte niemand merken können. Dessen ungeachtet fühlte ich mich mitverantwortlich für das Desaster der rund 2500 Anleger, denen plötzlich der Verlust ihres gesamten Geldes drohte, das viele wegen mir, wegen meines guten Rufes, in unsere Gesellschaft investiert hatten.

Ihr Pflichtgefühl hat Ihnen dann offenbar keine Ruhe gelassen, und Sie haben die Auffanggesellschaft Forests for Friends ins Leben gerufen, um die investierten Gelder zu retten. Wie lief diese Geschichte ab?
Im Gegensatz zu den anderen Verwaltungsräten, die nach der Pleite den Kopf einzogen und sich dünnmachten, wollte ich unbedingt einen letzten Rettungsversuch wagen. Ich fühlte mich wie der Kapitän auf einem sinkenden Schiff, der als Letzter von Bord geht. Immerhin liess mich der Liquidator – übrigens derselbe, der auch den Konkurs der Swissair abwickelte – gewähren, da ich nichts Kriminelles gemacht hätte. Ich solle es mal probieren. Er unterstützte mich sogar, indem er seinem Schreiben an die Anleger, in welchem er ihnen den Konkurs und ihren Totalverlust eröffnete, noch einen Brief von mir beilegte, in dem ich meinen Plan zur Rettung skizzierte. Das tat er, obwohl er und alle anderen – Anwälte, Buchhalter, EBK-Vertreter – mich für verrückt hielten und meinem Vorgehen keine Chance einräumten. Doch wir haben dann ja tatsächlich rund 85 Prozent der Anleger davon überzeugen können, sich der Auffanggesellschaft Forests for Friends anzuschliessen, und konnten den Schaden nahezu vollständig abwenden.

Der Schlüssel zum Erfolg?
Wie ich erfahren habe, war es meine Ehrlichkeit, welche die Leute überzeugt hat. In meinem Brief habe ich meiner Erschütterung Ausdruck gegeben, aber auch meinem festen Willen, nochmals alles zu unternehmen, um eine Lösung herbeizuführen. Ich könne zwar nichts versprechen, die Wahrscheinlichkeit, dass der Plan gelinge, sei nicht sehr gross, aber ich werde mich total für sie einsetzen. Nachher haben wir mit fast allen der 2500 Anleger telefoniert und die Beteiligung der grossen Mehrheit sicherstellen können.

Damals sind Sie noch zwischen der Schweiz und Mittelamerika gependelt, heute liegt Ihr Lebensmittelpunkt in Panama, wo Sie den grössten Teil des Jahres verbringen. Ein mutiger Entscheid, mit Ende fünfzig nochmals auf einem anderen Kontinent neu anzufangen.
Es war im Grunde gar kein bewusster Entscheid. Mein Mann und ich merkten, dass wir immer ein bisschen länger in Panama blieben. Forests for Friends erforderte unsere volle Aufmerksamkeit, dazu mussten wir vor Ort sein. Eines Tages haben wir die Konsequenzen gezogen, unser Haus in der Schweiz verkauft und wohnen jetzt vor allem in Panama. Wegen verschiedener Mandate bin ich nach wie vor häufig in der Schweiz, wir haben auch immer noch eine Wohnung hier und zahlen in beiden Ländern Steuern.

Wer war das »Zugpferd«, das Richtung Panama drängte? Ihr Mann oder Sie?
Das war ich. Ganz klar. Schliesslich sass ich ja auch im Verwaltungsrat von Prime Forestry. Mein Mann hat beim Militär Karriere gemacht und ist dann Notlagentrainer geworden. Als wir nach Panama umzogen, hatte er gerade ein Buch abge-

schlossen und konnte frei über seine Zeit verfügen. So war er flexibel, und wir gingen zusammen.

Es ist selten, dass ein Mann seiner Frau auf ihren beruflichen Spuren ins Ausland folgt.
Als es bei Prime Forestry drunter und drüber ging, habe ich ihm gesagt, ich packe das nicht allein, er müsse mitziehen. Darauf meinte er: »Ich kann kein Englisch, ich kann kein Spanisch, und ich habe nie international gearbeitet.« Worauf ich erwiderte: »Ich kann Englisch, ich kann Spanisch, ich habe immer international gearbeitet, aber ich habe keine Ahnung von Buchhaltung und dem ganzen sonstigen Finanz- und Papierkram. Das aber beherrschst du.« In dem Moment haben wir gemerkt, dass wir uns ideal ergänzen: Ich denke in Wörtern, er in Zahlen. Das passt perfekt. Nun arbeiten wir seit acht Jahren zusammen. Nicht immer frei von Konflikten, aber das wäre auch zu viel verlangt von zwei ehemaligen Militärs, die sich gewohnt sind, andere herumzukommandieren *(lacht schallend).*

Wie sieht heute Ihr Alltag aus?
Inzwischen beansprucht unsere Farm PanOvejas, auf der wir 25 000 Teakholzbäume, 550 Schafe, 60 Ziegen und mehrere Millionen Würmer fürs Kompostieren, dazu 14 Hektaren für Futtermittel und 1000 Quadratmeter überdachte Gemüsefelder sowie Gästehäuser haben, den grössten Teil unserer Zeit. Auf der Farm beschäftigen wir 35 Angestellte. Finanziell ist das Ganze ein schwarzes Loch und bringt uns noch lange nichts ein. Geld verdienen wir mit den Mandaten, die wir für Forests for Friends und die kleinere Investitionsgesellschaft The Tree Partner Company wahrnehmen. Ich bin in beiden VR-Präsidentin. PanOvejas ist total ländlich und macht uns sehr viel

Freude, aber wir arbeiten von morgens halb sechs bis abends um zehn Uhr nonstop: holzen, Tiere schlachten, zerteilen und verpacken, Käse, Konfitüre, Stühle herstellen, den Verkauf organisieren und das Personal, darunter Praktikanten aus der ganzen Welt, betreuen, Gäste über das Gelände führen, oft auch Professoren und Studenten der panamaischen Universitäten.

Wie haben Ihr Mann und Sie die Aufgaben aufgeteilt?
Wir halten es wie in einer Bauernfamilie: Ich bin im Haus, arbeite viel am Computer, verhandle mit potenziellen Abnehmern des Teakholzes – mehrheitlich Indern, die den Teakholzbaum als heiligen Baum verehren und am liebsten die weltweiten Bestände aufkaufen würden – und zahle unseren Leuten die Löhne aus. Mein Mann ist draussen, kontrolliert, ob auf der Farm und in den Pflanzungen alles rundläuft, und präsentiert Besuchern den Betrieb.

Panama ist ein Land, in dem der Machismo nach wie vor stark ausgeprägt ist. In welchem Masse sind Sie damit konfrontiert?
Wir haben auch schon unsere Erfahrungen damit gemacht. So haben wir eine 25-jährige Agro-Ingenieurin direkt von der Universität zu uns geholt und zur Chefin der Angestellten gemacht. In der Folge mussten wir einige Mitarbeiter entlassen, weil sie die junge Frau nicht akzeptierten, die inzwischen zu einer landesweit anerkannten Kapazität auf dem Gebiet der Schafzucht geworden ist.

Wie gehen Ihre Leute mit Ihnen als Paar um? Geniesst Ihr Mann mehr Respekt als Sie?
Nein. Mein Trumpf ist, dass ich für das Geld zuständig bin. Ich zahle die Löhne aus, und wenn Angestellte meinen Mann

fragen, ob sie ein Darlehen bekommen könnten, schickt er sie zu mir. Dadurch habe ich einen ebenbürtigen Stellenwert. Abgesehen davon sind wir für unsere Leute alte, gebildete, reiche Europäer, die sie, obrigkeitsgläubig, wie sie sind, ganz unabhängig vom Geschlecht uneingeschränkt respektieren.

Sie haben zwei Stiefkinder, die aus einer früheren Ehe Ihres Mannes stammen. Warum haben Sie keine eigenen?
Weil ich vor rund dreissig Jahren, als es aktuell gewesen wäre, mit Kindern keine Karriere hätte machen können. Ohne die Aussicht auf eine berufliche Karriere wäre ich aber eine sehr schlechte Mutter geworden. Meine eigene Mutter war diesbezüglich kein Vorbild für mich. Sie hatte zwar einen Beruf, aber mein Vater wollte nicht, dass sie arbeitete. So war sie finanziell völlig von ihm abhängig. Als Teenager hatte ich manchmal den Eindruck, sie würde sich ihm gegenüber nur durchsetzen, indem sie nicht mit offenen Karten spielte. Ein solches Verhalten war mir völlig fremd. Ich bin eher nach meinem Vater geraten, einem geradlinigen, sehr direkten Menschen, der immer sagte, wenn ihm etwas nicht passte. Mein Bedürfnis, das Leben selbstbestimmt in die Hand zu nehmen, war bei mir schon immer stark ausgeprägt. Nur schon deshalb musste ich selber Karriere machen.

Sie sprechen ausdrücklich von Karriere. Das heisst, Sie wollten wirklich nach oben und nicht bloss einen Beruf ausüben?
Absolut. Damit war es mir ernst. Meine Überlegung war stets: Je höher ich aufsteige, desto mehr Macht und Einfluss werde ich haben und desto stärker kann ich die Welt zum Guten verändern. Ich habe immer extrem gern gearbeitet und gern etwas Gutes gemacht. Ich hätte nie eine Stelle bekleiden können, hinter der ich nicht voll und ganz hätte stehen können. So

gesehen sind mein zwanzigjähriges Engagement bei Swiss Re, einem Unternehmen, das ich immer sehr geschätzt habe, meine Anstellung beim WWF und meine Arbeit in den Teakholz-Investitionsgesellschaften von der ähnlichen Idee sozialer, ökologischer, aber auch ökonomischer Nachhaltigkeit inspiriert. Wer in einen Teakbaum investiert, muss Geduld haben, denn man kann ihn in der Regel erst nach zwanzig Jahren abholzen.

Was sind die entscheidenden Voraussetzungen, um als Frau Karriere zu machen?
Man muss wirklich gut sein, sattelfest in seinem Metier und seine Dossiers beherrschen. Man muss auch hart arbeiten; eine Karriere gibt es nicht geschenkt. Das sind im Grunde Selbstverständlichkeiten. Was eher überraschen mag, ist folgender, sehr ernst gemeinter Ratschlag: Jede Frau sollte zuerst unbedingt ins Business gehen und dafür sorgen, dass sie für einen Profit-&-Loss-Account, also für das Geschäftsergebnis zuständig ist. Sie muss beweisen, dass sie mit Zahlen umgehen und Gewinn machen kann. Nachher kann sie dann in einen Stab wechseln und in einem der typischen Frauenbereiche wie Human Resources, Public Relations oder Kommunikation tätig sein. Ich selber war bei Swiss Re zunächst im Bereich Luftfahrt operativ tätig, drei Jahre als weltweite Chefin. Danach wurde ich Personalchefin, bin aber anschliessend zurück ins Business und in die Geschäftsleitung Europa.

Erstaunlich ist, dass Sie als Anglistin diese Karriere machen konnten. Auf Ihrem Posten im Bereich Luftfahrt hätte man eher eine Ökonomin oder eine Ingenieurin erwartet.
Swiss Re war wirklich eine geniale Firma, die damals in erster Linie Hochschulabsolventen suchte. Mangels einer spezifischen Rückversicherungs-Ausbildung stellte sie auch Theolo-

gen, Historiker – und Anglistinnen ein und schulte sie »on the job«. Ich hatte dazu das Glück, dass ich im selben Büro wie mein Chef sass, von dem ich viel gelernt habe. Ich konnte ihm jede Frage stellen, und bald schon nahm er mich an Firmenessen und auf Geschäftsreisen mit. Es dauerte nicht lange, und er liess mich allein fahren.

Vielleicht hatten Sie damals grosses Glück. Heute rät man jungen Frauen eher, Jus oder Ökonomie zu studieren.
Ich hätte nicht abgeschlossen, wenn ich das gemacht hätte. Die beiden Fächer wären mir zu langweilig gewesen. Ich finde, man sollte – egal, ob Frau oder Mann – etwas studieren, das einem Spass macht. Wer einigermassen intelligent ist, kann aus jedem Studium etwas lernen, das sich auf andere Gebiete übertragen lässt.

Wenn man Ihren Werdegang betrachtet, erstaunt Ihr wiederholter Mut zu neuen, auch unberechenbaren Schritten. Sind Sie ein risikofreudiger Mensch?
Ja, das bin ich. Es gibt in mir ein gewisses Grundvertrauen, das mir erlaubt hat, so zu werden. Ich bin behütet aufgewachsen, war mir sicher, dass ich niemals verhungern oder erfrieren müsste, konnte eine gute Ausbildung durchlaufen und hatte in meinem Vater ein Vorbild, das mich geprägt hat. Er war Engländer, ging mit sechzehn Jahren freiwillig als Ambulanzfahrer in den Zweiten Weltkrieg und hatte deshalb keine Möglichkeit, eine Lehre oder ein Studium zu absolvieren. Er ist ein hundertprozentiger Selfmademan geworden, der im kaufmännischen Bereich dank seiner Leistungsbereitschaft seinen Weg gemacht hat. Sein Beispiel hat mir gezeigt, was man alles schaffen kann, selbst wenn die Voraussetzungen nicht ideal sind.

Sie sind nicht nur risikofreudig, sondern sollen auch das Sperrige, alles, was schieflaufen könnte, geradezu lieben. Was funktioniert und seinen gewohnten Gang geht, interessiere Sie nicht, sagen Leute, die Sie kennen.

Das stimmt. Ich bin im Grunde meines Herzens eine Pionierin. Was ich schon kann oder kenne, langweilt mich eher. Was ich aber neu machen, neu denken, suchen und finden kann, fordert mich heraus. Vor wenigen Jahren habe ich nichts von Teakholz oder Schafzucht gewusst, heute weiss ich relativ viel und kann mitreden. Es macht mich stolz und glücklich, neue Türen zu öffnen und meine Kompetenzen zu erweitern. Das ist meine Form der Welteroberung.

Wissen, was man will

Um ihre Ziele durchzusetzen, scheut Carole Meier keine Risiken und nimmt auch Widerstände in Kauf. Dass die 46-Jährige heute erfolgreich ihre eigene Tanzschule in Bern leitet, ist das Ergebnis ihres starken Willens und ihrer Unbeirrbarkeit.

Carole Meier gehört nicht zu den Menschen, die sich einfach treiben lassen und auf Zufälle hoffen. Beruflich und privat hat sie sich immer klare Ziele gesetzt, zuweilen auch ambitiöse, bei denen sie einiges riskierte. Auf dem Weg dorthin hat sie Hindernisse überwunden, mit Zweifeln gekämpft und Konflikte mit hohem Leidensdruck ausgetragen. Sie spüre intuitiv, wenn sie etwas nicht oder nicht mehr wolle, sagt sie, oder wenn sie etwas Neues brauche.

Ein Beispiel für ihre Konfliktbereitschaft waren die ständigen Auseinandersetzungen mit ihrem Mann zum Thema Aufgabenteilung: Wer macht was an Familien- und Hausarbeit? Wer redet mit den Lehrern, wer besucht die Elternabende? Warum muss es wieder die Mutter sein, die den Jüngsten abends in der Tagesschule abholt, wo sie ihn doch schon morgens hingebracht hat? Wie schafft man es, regelmässig einen Abend zu zweit zu verbringen, um ins Kino oder gemeinsam essen zu gehen? Alles Fragen von Brisanz, haben Meier-Bürkis doch drei schulpflichtige Kinder und arbeiten je hundert Prozent. »Die gegenseitigen Vorwürfe haben unsere Beziehung mit der Zeit so stark belastet, dass wir uns schliesslich darauf einigten, bei einem Coach Hilfe zu holen«, sagt Meier.

Das ist deshalb erstaunlich, weil Bernhard Bürki bereits viel Verantwortung für seine Kinder und den Haushalt übernommen hatte. »Er war stets präsent, kochte häufig, kaufte ein und hielt mir an Abenden oder Wochenenden oft den Rücken frei, wenn ich berufliche Verpflichtungen hatte«, räumt sie ein. Er sei der beste Vater und Partner, den man sich nur wünschen könne. Gleichwohl fühlte sich Carole Meier ein Stück weit benachteiligt. »Ich realisierte einfach: Hier gibt es ein Problem, meine Bedürfnisse bleiben allzu oft auf der Strecke, ich will gewisse Änderungen.«

Mit der Hilfe des Coachs wurden Kompromisse gefunden. Heute ist es der Vater, der den kleinen Ivo in den Kindergarten bringt. Er pflegt auch den Kontakt mit den Lehrern der beiden Töchter Hannah und Mina. Was den gemeinsamen Ausgang angeht, sind beide Partner für die Organisation verantwortlich. Carole Meier zieht eine positive Bilanz: »Es ist genial, dass wir so hartnäckig drangeblieben sind und Lösungen gefunden haben, mit denen beide leben können.« Inzwischen gebe es kaum noch Querelen wegen solcher Alltagsgeschichten. Sie schiebt eine Strähne ihrer grau-braunen Haare hinters Ohr; ihre blauen Augen lachen. Sie sagt, dass sie ihrer Beziehung auf der Zehnerskala heute eine Acht geben würde. In Zeiten der Krise sei man auch schon bei einer knappen Zwei gewesen.

Die Entschlossenheit, die eigenen Wünsche ernst zu nehmen und das Leben selber zu gestalten, hat Carole Meier schon als junge Frau ausgezeichnet. Mit sechzehn zog sie zu Hause in St. Gallen aus, um in Bern bei Annemarie Parekh Tanz zu studieren. Die mit einem Inder verheiratete Schweizerin galt in den Sechzigerjahren als Pionierin des Modern Dance. Doch Meiers Eltern leisteten Widerstand: Den Plan ihrer Tochter, die Matura sausen zu lassen und Tänzerin zu werden, tolerierten sie nicht. Schliesslich fand sich eine Lösung: Sie schloss das Gymnasium in Bern ab, tanzte aber gleichzeitig bei Parekh und machte die Aufnahmeprüfung für die London Contemporary Dance School, eine der renommiertesten Ausbildungsstätten in Europa. Nachdem sie im ersten Anlauf gescheitert war, setzte sie sich im zweiten durch. Die viereinhalb Jahre in England hätten sie »fürs Leben geprägt«, sagt Carole Meier. Sie kehrte als diplomierte Tänzerin und mit einem Master in Choreografie in die Schweiz zurück.

In den zehn Jahren zwischen zwanzig und dreissig baute sie sich eine Karriere als Tänzerin auf. Um Geld zu verdienen, unterrichtete sie an Parekhs Schule Akar. Gleichzeitig gründete sie ihre eigene Compagnie, bestehend aus einem halben Dutzend Tänzern, einem Musiker und ihr. Finanzielle Unterstützung bekamen sie von der Stadt, vom Kanton oder von Stiftungen wie Pro Helvetia. »Das war ein hartes Pflaster«, sagt Meier im Rückblick. Es sei brutal schwierig gewesen, Auftrittsmöglichkeiten zu finden und sich einen Namen zu machen. Man müsse in diesem Geschäft unendlich viel Geduld haben und dürfe sich nicht zu schade sein, an kleinen und kleinsten Theatern zu tanzen. Noch heute seufzt sie beim Gedanken, wie viel Aufbauarbeit beispielsweise für einen Auftritt am Zürcher Theater an der Gessnerallee nötig war.

Zu einem Shootingstar sei sie in der hart umkämpften Tanzszene zwar nicht geworden, räumt Carole Meier ein, auch wenn es ihr am nötigen Ehrgeiz nicht gefehlt habe. Erfolge habe man aber durchaus gehabt. Mit der Zeit seien Engagements im Ausland dazugekommen, etwa in Dresden, Paris oder Bregenz, in Kunsthäusern, an Festivals und in Kleintheatern. Das waren Highlights ganz nach ihrem Geschmack: »Dafür hatte ich gelebt, dafür hatte ich die ganze Aufbauarbeit geleistet, jetzt konnte ich die Früchte meiner Arbeit ernten.«

Zunächst genoss sie alles: die Auftritte, die vielen spannenden Leute, die sie kennen lernte, Künstler, Regisseurinnen, Kritiker. Ein Engagement beanspruchte sie jeweils eine ganze Woche: Anreise, zwei Tage Aufbau und Proben, zwei, drei Vorstellungen, dazu der fachliche Austausch, aber auch gemeinsame Essen mit anderen Tänzern und Theaterleuten, schliesslich die Heimreise. Inzwischen waren Hannah und Mina zur Welt gekommen. Die Mädchen wurden auch von den Grosseltern beider Seiten betreut, was es Meier erlaubte, ganz in der Künstler- und Theaterwelt aufzugehen.

Allmählich mischten sich in die Euphorie aber auch Gefühle von Überforderung und Unwohlsein. Als Tänzerin hatte sie zwar den so sehnlich herbeigewünschten Erfolg, war aber dennoch »todunglücklich«. Die Auslandsaufenthalte brachten sie an ihre körperlichen und seelischen Grenzen. Die endlosen Gespräche, die Workshops mit Berufskollegen, die vielen Eindrücke und das ständige Networking mit Blick auf künftige Engagements laugten sie aus. Sie wusste zwar, dass all das dazugehörte und dass die ständige Aufregung jenen, die sie besser verkrafteten, durchaus Spass machte. Sie aber kam zum Schluss: »Ich bin für diesen Teil meines Berufs als freischaffende Tänzerin nicht gemacht. Kurz, ich kann – und will – das nicht.« Diese Erkenntnis traf sie ausgerechnet zu jenem Zeitpunkt, als es mit ihrer Karriere bergauf ging. Die Anfragen aus dem Ausland hatten noch einmal zugenommen, Carole Meier und ihre Dancing Compagnie hätten ihr Wirkungsfeld deutlich vergrössern können.

Sie aber war so erschöpft, dass sie nicht einmal mehr als Lehrerin vor einer Kursgruppe stehen mochte. Zudem streikte ihr Körper – erstmals –, weil sie sich auch noch eine schmerzhafte Quetschung des Schlüsselbeingelenks zugezogen hatte. In dieser Krise wandte sie sich an Annemarie Parekh, »meine Tanzmama«, wie sie sie nennt. »Du brauchst dringend eine Pause«, riet ihr diese. Meier überlegte nur kurz, kündigte dann alle Verträge und vertagte ihre Pläne. Wenig später war sie sich sicher, dass sie nicht mehr tanzen, aber auch nicht mehr unterrichten wollte. Mit der ihr eigenen Radikalität vollzog sie diesen Bruch, ohne zu wissen, was die Zukunft ihr bringen würde: »Diesmal wusste ich sehr genau, was ich nicht mehr wollte, hatte aber noch keine Ahnung, was ich stattdessen in Angriff nehmen sollte.«

Diese Situation war auch für ihren Mann neu, der von der Zielstrebigkeit seiner Frau und ihrer Sicherheit bei der Wahl und Umsetzung ihrer beruflichen Projekte stets beeindruckt gewesen war. »Er war irritiert«, glaubt sie, »weil er mich bisher ganz anders erlebt hatte.« Sie sei ihm dankbar, dass er sie trotzdem in keiner Weise gedrängt habe, ihren Entscheid rückgängig zu machen, obwohl sie die Investition eines ganzen Jahrzehnts einfach so habe fahren lassen. Er habe stets betont, sie wisse am besten, was ihr guttue. Immerhin hielt sich die finanzielle Einbusse im Rahmen, weil man als Tänzerin monatlich höchstens 4500 Franken, oft aber auch nicht mehr als 3000 verdiene: »Mein Mann war schon immer nahezu allein verantwortlich für das Familieneinkommen.« Das störe sie zwar »gewaltig«, sagt sie, aber es lasse sich nun mal nicht ändern.

Carole Meier beschloss, ein Jahr zu Hause zu bleiben, um sich Gedanken über ihre berufliche Zukunft zu machen. Das war härter, als sie erwartet hatte. Sie sei oft reizbar gewesen, gesteht sie, habe auch viel Streit mit ihren Töchtern gehabt und sich generell schwergetan: »Mir fehlte die Inspiration, aber auch die Anerkennung, die ich aus dem Berufsleben kannte.« Umso konsequenter betrieb sie ihre Neuorientierung: Sie informierte sich bei Berufsberatungen, surfte durchs Internet, sprach viel mit Freundinnen und Bekannten.

Dann wurde sie schwanger. Darüber freute sie sich, weil ihr Mann und sie sich schon lange ein weiteres Kind gewünscht hatten; der Abstand zu den damals sechs und neun Jahre alten Mädchen drohte langsam zu gross zu werden. Dieses dritte Kind wollte sie unbedingt, da war sie sich sicher. Als junge Frau hatte sie nie so etwas wie einen Kinderwunsch verspürt und sich letztlich ihrem Mann gefügt, der grossen Wert auf eine Familie gelegt hatte. Sie hatte im Vertrauen darauf eingewilligt, dass auch er Verantwortung für die Kinder übernehmen und sich ernsthaft an den familiären Pflichten beteiligen würde: »Bei Bernhard hatte ich keine Angst, dass am Schluss alles an mir allein hängen bleibt.«

Als Nur-Hausfrau und Mutter, daran lässt sie keinen Zweifel, wäre sie unglücklich geworden. Zu klar habe sie das Schicksal ihrer eigenen Mutter vor Augen gehabt, die gern studiert hätte, sich aber mit einer kaufmännischen Ausbildung begnügen musste und deswegen depressiv wurde. Erst viel später, als sie sich zur Gymnastiklehrerin habe ausbilden lassen und ihr eigenes Studio führte, sei sie zufrieden gewesen. Fragt man Carole Meier, was ihr wichtiger sei, Beruf oder Familie, zögert sie und erwidert schliesslich: »Ich schäme mich fast ein bisschen, zu sagen, dass mir beide Lebensbereiche gleich viel bedeuten.« Wenn sie sich mit 25 für den Beruf oder eine Familie hätte entscheiden müssen, wäre der Beruf »eindeutig an erster Stelle gekommen«, gesteht sie. Sie habe ja, wie gesagt, seinerzeit gar keine Kinder gewollt.

2008 kam der Nachzügler Ivo zur Welt. Als er ein Jahr alt war, begann Meier mit dem Studiengang Women Back to Business, den die Hochschule St. Gallen für Wiedereinsteigerinnen anbietet. Er erstreckt sich über zwölf Monate und umfasst Module zu Themen wie Marketing, Prozessmanagement und Organisation, Leadership und Personalmanagement. Das Angebot passte zwar nicht ganz zu ihrem Profil, denn sie war ja keine Aussteigerin, die der Arbeitswelt mehrere Jahre ferngeblieben war, sondern hatte sich bloss einen einjährigen Unterbruch zwecks Neuorientierung gegönnt. Meier genoss es trotzdem, wieder einmal stundenlang Fachliteratur zu wälzen, mit dem Marker wichtige Textpassagen anzustreichen und Neues zu lernen. Als Diplomarbeit erstellte sie einen Businessplan für das Tanzstudio Akar. Zuvor hatte »Tanzmama« Parekh sie angefragt, ob sie bereit wäre, für einzelne Projekte in die Schule zurückzukehren, beispielsweise für die Entwicklung eines Kindertanzprojekts. Meier spürte, dass ihre Liebe zum Tanz neu erwachte, und sagte zu.

Als die inzwischen siebzigjährige Besitzerin daranging, eine Nachfolgerin für ihr Geschäft zu suchen, fragte sie erneut Carole Meier. Sie sagte ab, die Aufgabe schien ihr zu gross und zu umfassend. Daraufhin übernahm Parekhs Tochter das Studio. Sie verstand zwar einiges von Buchhaltung, aber wenig von Tanz. Um das Defizit zu beheben, bot sie Meier den Posten der Co-Leiterin an, was diese akzeptierte – nicht ahnend, dass sie in ein Familiendrama hineingezogen würde, das, so Meier, »mit der Zeit die Ausmasse einer griechischen Tragödie annehmen sollte«.

Kaum war Meier nämlich als künstlerische Leiterin im Amt, machte ihre Partnerin einen Rückzieher und wollte sich ihrer möglichst schnell wieder entledigen. Die Begründung der wankelmütigen Frau? Die Chemie stimme nicht. Im Hintergrund aber stand ein Konflikt mit deren Mutter. Doch Parekhs Tochter hatte nicht mit dem eisernen Willen von Carole Meier gerechnet, die Freude an dem Projekt bekommen hatte und unmissverständlich klarmachte: »Ich will das jetzt und bleibe.« Im Kampf um die Leitung des Studios, der nun einsetzte und erbittert geführt wurde, geriet Carole Meier in eine schwere Krise, nahm eineinhalb Jahre lang Antidepressiva, suchte eine Psychologin auf und stand zweimal kurz davor, in eine Klinik einzutreten. In den seltenen Momenten, in denen sie alles hinschmeissen wollte, leistete ihr Mann Widerstand, der realisiert hatte, dass seine Frau dieses Projekt, von dem sie wirklich fasziniert war, auf keinen Fall preisgeben durfte. »Es war extrem«, erinnert sie sich sichtlich aufgewühlt. Dank der Unterstützung vieler Menschen in ihrem Umfeld habe sie so lange durchgehalten, bis Annemarie Parekh ihre Schule schliesslich an Meier und einen ihrer Tanzkollegen verkaufte. Das Gefühl, das sich damals bei ihr einstellte, sei »ein grosser Stolz gewesen, diese brutale Zeit durchgestanden zu haben«.

Im Sommer 2012 begann der Neuaufbau der Tanzschule, nach wie vor unter dem Namen Akar, dem indischen Wort für Raum, Zeit und Dynamik. »Wir schufteten wie verrückt«, erzählt Meier, »kreierten ein neues Programm, überarbeiteten das Corporate Design, frischten die Räume auf.« Finanziell waren sie schlecht dran, hatten sie doch ihre ganzen Reserven für Anwaltskosten aufgebraucht. Dazu hatte sich der Mann von Parekhs Tochter, ein Yoga-Lehrer, mit seinen 150 Schülern zurückgezogen. Eine schwerwiegende Umsatzeinbusse.

Inzwischen haben die beiden ihr eigenes Personal angestellt, insgesamt vierzehn Lehrkräfte mit Teilzeitpensen. Die Schule, die mittlerweile vierzig Kurse für rund 250 Schüler anbietet, gehört in Bern zu den grössten für zeitgenössischen Tanz. Auch finanziell habe sich die Stimmung wieder aufgehellt, sagt Meier, wobei sich das Leiterpaar monatlich nach wie vor nicht mehr als 3000 Franken pro Person überweise. Und das bei einem Arbeitspensum, das auf dem Papier zwar wie achtzig

Prozent aussehe, weil der Mittwoch- und der Freitagnachmittag für die Familie reserviert seien, unter dem Strich wegen der Abend- und Wochenendarbeit aber nach wie vor »mindestens hundert Prozent« betrage, wie Carole Meier kleinlaut zugibt.

Der ideelle Lohn ihrer Arbeit sei die grosse Genugtuung, endlich die Tätigkeit gefunden zu haben, in der sie all ihre künstlerischen Fähigkeiten, ihr grosses Wissen über den Tanz und ihre Freude an der Förderung des Nachwuchses mit ihrem Interesse für das Management des eigenen Geschäfts verbinden könne – inzwischen ist Meier auch Mitglied der Stadtberner Tanz- und Theaterförderung. Wenn man sie fragt, was zur Erreichung dieses Ziels entscheidend gewesen sei, sagt sie: »Dass ich stets wusste, was ich will, und dass ich ausdauernd dafür gekämpft habe.«

Wenn alles rundlaufe und sie entspannt sei, wisse sie auch, dass es ihren Kindern trotz allem an nichts fehle. Sie seien sogar regelrecht stolz auf ihre Mutter, die so gut tanzen könne und dazu noch ihre eigene Tanzschule besitze. Als Ivos Kindergärtnerin ihn kürzlich auf seine Mutter ansprach, die doch Tänzerin sei, erwiderte der Sechsjährige selbstbewusst: »Nein, sie ist der Chef!«

Den Preis, den sie zahlt, verheimlicht Carole Meier nicht: »Ich habe meinen Kindern gegenüber immer wieder ein extrem schlechtes Gewissen und fühle mich wie eine Rabenmutter.« Sie kenne wenige Frauen mit Kindern, die so viel arbeiteten wie sie. Andererseits glaube sie nicht, dass sie eine bessere Mutter wäre, wenn sie mehr zu Hause bliebe. Habe aber eine Tochter Probleme in der Schule, nehme sie alle Schuld auf sich und gerate unter Rechtfertigungszwang. Trotzdem könne und wolle sie nicht anders: »Mein Beruf gibt mir so viel an Bestätigung, Unabhängigkeit, Selbstbewusstsein und Freude, dass ich nicht darauf verzichten möchte.« Diese Spannung müsse sie ertragen.

Die Frauen-Frau

Mehr Frau geht nicht: Brida von Castelberg war die erste Chefärztin in der Frauenklinik am Zürcher Triemlispital. Als sie sich zwanzig Jahre später frühpensionieren liess, lag die Klinik fast vollständig in Frauenhand.

Frau von Castelberg, in Ihren zwanzig Jahren an der Frauenklinik am Triemli haben Sie eine Zeit erlebt, in der sich die Gynäkologie aus einer männerbeherrschten in eine nahezu reine Frauendomäne verwandelt hat. Wie war es, als Sie Anfang der Neunzigerjahre Ihre Stelle als Chefärztin antraten?
Genau in dieser Zeit war Frau Dreifuss zur Bundesrätin gewählt worden, nachdem Christiane Brunner kurz vorher noch gescheitert war. Vor diesem Hintergrund genoss ich einen extremen Frauenbonus. Die Devise lautete: Jetzt endlich mal Frauen an die Macht! Und wenn es auch nur im Kleinen war. Denn meine Macht als Chefärztin der Maternité im Triemli war alles andere als gross. Die Klinik war damals winzig, heruntergewirtschaftet und stand kurz davor, geschlossen zu werden. Das waren Zustände, die man sich heute schlicht nicht vorstellen kann.

Schildern Sie doch ein Beispiel, um diese Zustände zu illustrieren!

Als ich kam, führte eine Krankenschwester von Hand die Statistik für die Operationen. Weil sie meinte, eine vaginale Interruptio, also eine Auskratzung, sei das Gleiche wie eine Gebärmutterentfernung, trug sie das in der Tabelle entsprechend ein. In der Folge wies die Frauenklinik eine unglaublich grosse Zahl Gebärmutterentfernungen aus, die mich total verblüffte. Erst mit der Zeit merkte ich, dass die Statistik hinten und vorn nicht stimmte.

Sagen Sie noch ein Wort zur damaligen Grösse der Klinik.
Zur Illustration der Grössenverhältnisse eignet sich die Zahl der Geburten am besten: Als ich angefangen habe, hatten wir 585 Geburten pro Jahr, heute sind es 1800, also rund dreimal so viele. Entsprechend ist auch die Zahl der Ärzte von rund zehn auf etwa dreissig gestiegen.

War Ihnen damals bewusst, wie paradox Ihre Situation war? Da vertraute man Ihnen als Frau zwar eine Klinik an, aber nur eine, an deren Überleben viele nicht mehr glaubten.
Ich habe mir überhaupt nichts vorgemacht und wusste sehr genau, wie man hinter meinem Rücken über mich als Chefärztin redete: »Halb so wild, wenn sie die Klinik nicht wieder auf Vordermann bringt.«

Wer hatte denn überhaupt noch ein Interesse, die Klinik am Leben zu erhalten?
Die Frauenklinik gehörte integral zum Sozialwerk Inselhof, einem Verein. Sie war dessen Renommierstück, und die Leiterinnen, darunter die Politikerin Franziska Frey-Wettstein, waren sehr darauf bedacht, die Klinik zu retten. Frey-Wettstein war es auch, die mich gebeten hatte, mich als Chefärztin zu bewerben.

In jenen Jahren verglich der damalige Präsident der Schweizerischen Gesellschaft für Gynäkologie und Geburtshilfe in einem Interview mit mir die gynäkologische Jahreskontrolle seiner Patientinnen mit dem regelmässigen Service eines Autos beim Garagisten.

Es herrschte tatsächlich vielerorts ein sehr respektloser Umgang mit den Frauen. Man nahm sie überhaupt nicht ernst als eigenständige Personen. In meiner Ausbildung haben die Studenten noch Massenuntersuchungen an narkotisierten Frauen vorgenommen, ohne dass diese vorgängig um ihr Einverständnis gebeten worden waren.

Das war vielleicht auch eine Folge der Männerdominanz. Damals waren erst zehn Prozent aller Gynäkologen weiblich. Die Chefarztposten lagen nahezu vollständig in Männerhand. Warum hatten Sie den Mut, sich um einen solchen Posten zu bewerben?

Ich habe mein Leben lang Sachen gemacht, auf die ich Lust hatte. Die Männerdominanz habe ich nicht so ausserordentlich wichtig gefunden. Ich hatte vorher in der Chirurgie gearbeitet und war auch da fast die einzige Frau. Von daher war ich an meinen Spezialstatus gewöhnt. Viel wichtiger ist für mich immer gewesen, dass ich einen beruflichen Weg wähle, der mich interessiert und begeistert. Dann bewältige ich ihn nämlich auch.

Wie waren die Reaktionen der Patientinnen auf Sie als Chefärztin?

Ausgesprochen positiv. Viele Frauen sagten: Endlich eine Frau! Endlich! Endlich! Das führte zu einem richtigen Ansturm von neuen Patientinnen, auch in der Geburtshilfe. Die Kollegen bekamen langsam Angst, ihnen könne die Arbeit ausgehen. So habe ich begonnen, in Interviews zu betonen, dass ich selber zu einem Gynäkologen gehe und dass auch Männer ihr Handwerk beherrschen.

Im Laufe Ihrer Jahre am Triemli kippte die Situation in der Gynäkologie endgültig. Heute gibt es fast nur noch Frauen, Männer sind regelrecht Mangelware. Haben Sie eine Männerquote eingeführt?
Ich habe in einem Inserat tatsächlich einmal ausdrücklich nach einem Assistenzarzt gesucht. Gemeldet haben sich trotzdem nur Frauen.

Erzählen Sie ein wenig von diesem Prozess der Feminisierung? Wie lief die Entwicklung?
Zum einen war da diese riesige Nachfrage der Patientinnen nach Ärztinnen, die mich wirklich überrascht hat in ihrer Heftigkeit. Zum anderen ist die Gynäkologie ein attraktives Fach, das alles bietet: Operationen, Geburten, Onkologie, Endokrinologie sowie die beratende Tätigkeit eines Hausarztes. Darum spricht es viele Frauen an. Männer, habe ich mir sagen lassen, müssen sich vor ihren Kollegen inzwischen rechtfertigen, wenn sie Gynäkologe werden wollen. »So, so, was willst denn du den ganzen Tag mit nackten Frauen?«, lacht man sie vonseiten anderer Männer aus. Das heisst, der Widerstand gegen den Mann in der Gynäkologie geht nicht nur von Frauen aus.

Welchen Einfluss auf Ihre Arbeit hatte die fortgesetzte Feminisierung?
Am Schluss habe ich nahezu ausschliesslich mit Frauen gearbeitet. Mit Patientinnen, Hebammen, Ärztinnen, Putzfrauen. Zwei, drei Männer waren noch im Team, mehr nicht.

Hat es mehr Spass gemacht, in nahezu reinen Frauenteams zu arbeiten?
Das Schöne an diesen fast reinen Frauenteams ist, dass die ganze Zickigkeit wegfällt, weil man keinem Mann mehr imponieren muss. Keine Konkurrenz, keine Stutenbissigkeit. Das ist eine Wohltat. Unsere Weihnachtsfeste waren für mich immer eindrücklich: 110 Frauen, 5 Männer. Wir waren regelmässig in der Zürcher »Commihalle«, in einem Riesensaal. Alle hatten sich schön gemacht. Da haben manchmal andere Gäste des Restaurants hereingeschaut, und man sah es ihren Gesichtern förmlich an, dass sie sich fragten, was das wohl für ein Verein sei: so viele Frauen, alle lachend, redend, bester Laune. Wir waren einfach nicht einzuordnen.

Ein Mann war von Anfang an mit dabei: Ihr Stellvertreter.
Ja, der Herr Passweg. Der ist immer noch da. Er ist ein Spezialfall, behauptet er doch von sich selber, er habe mehr weibliche Eigenschaften als die meisten Frauen in der Klinik. Seine Patientinnen schätzen ihn sehr, weil er so freundlich und geduldig ist. Er nimmt sich ausgesprochen viel Zeit für jede einzelne.

Wie bewusst haben Sie als Chefin Frauenförderung betrieben?
Es ist mir erst nachträglich bewusst geworden, dass das, was ich da gemacht habe, Frauenförderung war. Mir ging es zunächst ganz egoistisch darum, gut ausgebildete Mitarbeiterinnen, die schwanger wurden, nicht zu verlieren. Ich war mir sicher, dass sie nach einem längeren Unterbruch nicht ins Spital zurückkehren, sondern höchstens mit einem kleinen Pensum in einer Praxis weiterarbeiten würden. Also musste ich gemeinsam mit ihnen Lösungen entwickeln. Ein Beispiel: Ich hatte eine tolle leitende Ärztin, die schwanger wurde und sehr unsicher war,

wie sie Beruf und Familie vereinbaren sollte. Ihr Mann war Künstler und hatte kein regelmässiges Einkommen. So haben wir ihre Tätigkeit als leitende Ärztin reduziert. Daneben konnte sie einen Tag pro Woche innerhalb der Frauenklinik ihre eigene Praxis führen. An diesem einen Tag verdiente sie so viel wie an den anderen Tagen zusammen. Dank dieser Lösung blieb sie uns erhalten. Eine klassische Win-win-Situation.

Dazu brauchte es aber eine gewisse Flexibilität auf Ihrer Seite und die Bereitschaft, den Verhandlungskuchen zu erweitern.
Gut, aber ich hatte auch das Riesenglück, dass wir nicht zum Triemli gehörten, sondern zum Verein Inselhof. Dort konnte ich alles, was nichts kostete, an die Hand nehmen und umsetzen. Sobald Geld ins Spiel kam, wurde es schwieriger.

Haben Sie auch Mentoring für junge Kolleginnen betrieben?
Ich habe eingeführt, dass jede Assistenzärztin eine Patin oder einen Paten bekommt, mit der oder dem sie Persönliches, einzelne Fälle und Fragen zur Karriereplanung besprechen kann. Ich glaube aber, in diesem Bereich hätten wir noch mehr machen müssen. Diese Gespräche haben nicht richtig funktioniert. Es wäre von beiden Seiten ein grösserer Effort nötig, um diese Art von Mentoring zu unterhalten.

Wie viel Networking braucht es, um die eigenen Karrierechancen zu erhöhen?
Sehr viel. Ich habe gehört, dass viele Chefärzte vom Unispital bei den Rotariern organisiert sind. Die meisten sind dazu noch in einer Zunft. Das sind Altherrenklubs, die für Männerkarrieren nach wie vor entscheidend sind. Da kommen Frauen meistens gar nicht erst rein. Frauen wollen aber auch nicht netzwerken. Sie tun es jedenfalls viel zu wenig. Ich inbe-

griffen. Ich organisiere mit Freundinnen und Kolleginnen Frauenfeste, an denen um die fünfzig Frauen zusammen feiern. Da treffen sich erfolgreiche, auch bekannte Frauen aus allen möglichen Branchen, essen, trinken und reden miteinander. Man nennt sich beim Vornamen und weiss oft nicht einmal, wie die Gesprächspartnerin zum Nachnamen heisst. Am Ende des Abends geht keine einzige Frau mit ein paar neuen Visitenkarten nach Hause. Da könnten wir einiges von den Männern lernen.

Was sind die grössten Stolpersteine, die Ärztinnen mit Kindern überwinden müssen?
Viele meinen, das Hauptproblem sei die schlechte Planbarkeit der Arbeit im Spital. Dem ist aber nicht so. Dank langfristigen Dienstplänen wissen die Frauen rechtzeitig, wann sie tagsüber oder nachts arbeiten müssen, und können die Kinderbetreuung organisieren. Was hingegen wirklich Probleme verursacht, ist das Finanzielle. Einigen Mitarbeiterinnen mit einem Teilzeitpensum blieb nach Abzug der Steuern gerade noch so viel, dass sie von ihrem Lohn die Kinderbetreuung zahlen konnten.

Welche Teilzeitpensen haben Sie denn zugelassen?
In der Regel nichts unter fünfzig Prozent. Am liebsten waren mir zwei Teilzeiterinnen, die ein klassisches Job-Sharing praktizierten und als Paar ihren Zuständigkeitsbereich in einer Abteilung hatten. Die einen wechselten sich wochenweise ab, was allen eine gewisse Kontinuität verschaffte. Andere wollten lieber fixe Tage freihaben. Auch das liess sich einrichten.

Teilzeitarbeit lässt sich also bewerkstelligen.
Ja, aber die Frauen haben auch gewusst, dass sie Glück hatten, dermassen flexibel arbeiten zu können, und waren sehr darauf

bedacht, dass alles funktioniert. Ich kann mich an keine einzige erinnern, die wegen eines kranken Kindes gefehlt hat. Die waren perfekt organisiert. Wenn mal eine gefehlt haben sollte, habe ich es nicht gemerkt, weil sie es untereinander gelöst haben. Trotzdem darf man nicht unterschlagen, dass die Frauen auch einen Preis für ihr Arbeitszeitmodell zahlen. Wer jahrelang Teilzeit arbeitet, wird häufiger in der Sprechstunde eingeteilt und weniger oft im Operationssaal. Seine operativen Fähigkeiten werden also beeinträchtigt. Es lässt sich nicht leugnen: Wer hundert Prozent arbeitet, führt eher die interessanten Tätigkeiten aus.

Immerhin hatten bei Ihnen etliche Frauen, die Teilzeit arbeiteten, leitende Funktionen innegehabt. Die reduzierte Arbeitszeit muss also nicht zum Karrierekiller werden.
Keineswegs. Stephanie von Orelli, meine Nachfolgerin, arbeitet achtzig Prozent und hat drei kleine Kinder. Zwei Co-Chefärztinnen sind ebenfalls zu siebzig Prozent angestellt und haben auch zwei beziehungsweise drei Kinder. In diesen Familien übernehmen die Männer Teile der Hausarbeit und Kindererziehung. Als eine leitende Ärztin nach dem vierten Kind noch Zwillinge bekam, entschied sie sich dazu, ein Kindermädchen zu beschäftigen.

Wie viele »Ihrer« Ärztinnen haben den Sprung auf Leitungsposten in anderen Kliniken geschafft?
Zwei sind Chefärztinnen geworden, eine in Horgen und die andere in Affoltern am Albis. Leider haben beide wieder aufgehört, weil sie der administrative Aufwand erschlagen hat. Sitzungen ohne Ende, an denen man nicht einmal etwas zu sagen hat. Ein Horror! Die beiden haben inzwischen ihre eigene Praxis eröffnet.

Sie selber haben ab 2008 Ihren Chefarztposten im Job-Sharing mit Stephanie von Orelli geteilt. Wie viel Prozent haben Sie in diesen Jahren gearbeitet?
Auf dem Papier stand bei beiden siebzig Prozent. Aber in Tat und Wahrheit leisteten Stephanie und ich nach wie vor Sechzig-Stunden-Wochen. Wir sind uns sogar am Samstag häufig im Büro gegenübergesessen. Sie hat sich immerhin jeden Mittwoch voll abgegrenzt, weil sie dann allein für ihre Kinder zuständig war.

Unter solchen Umständen wird ein Teilzeitpensum zur Farce. Das Einzige, was wirklich reduziert wird, ist der Lohn.
Ich glaube, dahinter verbirgt sich ein Frauenproblem. Wir wehren uns einfach zu wenig und sagen nicht klipp und klar: Entschuldigung, aber heute bin ich nicht in der Klinik. Ich habe wenigstens einmal probiert, meine freien Tage zusammenzulegen, und bin ein verlängertes Wochenende in Spanien geblieben. Was sich dann allerdings bis am Dienstag in meinem Büro an Mails angesammelt hatte, war schlicht nicht zu bewältigen. In der Folge habe ich dann halt auf solche Trips verzichtet.

Ging es bei diesem Job- beziehungsweise Top-Sharing von Anfang an um die Regelung Ihrer Nachfolge?
Ja, klar. Ich wollte unbedingt, dass von Orelli meine Nachfolgerin wird. Mit dem Job-Sharing hatten wir eine elegante Form gefunden, um eine Wahl zu umgehen. Im Grunde entsprach es einer vorgezogenen Wahl, was wir auch entsprechend kommuniziert haben. Wir mussten ja mit dem Spitaldirektor zum Stadtrat, um dieses völlig neue Modell absegnen zu lassen. Erst dann haben wir die Spitalleitung informiert, was diese uns wahnsinnig übel genommen hat. Vor allem die Chefärzte

im Triemli empfanden es als stossend, dass zwei Frauen so frech sind, ihnen nicht die Reverenz zu erweisen und einen Entscheid über ihre Köpfe hinweg zu fällen. Inzwischen sind alle extrem glücklich mit Stephanie.

Was waren weitere Vorteile Ihres Job-Sharing?
Es bot eine gute Möglichkeit, um Stephanie einzuarbeiten. Denn es ist nicht ganz ohne, so eine Klinik mit mehr als 150 Leuten zu führen. Wenn man wie ich damals eine Klinik übernimmt, die am Boden ist, geht das wunderbar, weil man ja fast nichts falsch machen kann. Sonst aber ist es wirklich eine Herausforderung. Ausserdem war ich dringend auf Entlastung angewiesen. Es war alles »too much«. Die rasch aufeinanderfolgenden Tode meines Lebenspartners, meines besten Freundes und meines Vaters hatten mir zu viel Energie geraubt. Der vielen Administration war ich kaum noch gewachsen. Beim Anblick einer Patientin konnte es passieren, dass ich dachte: Oh, nein, muss das sein! Es bestand wirklich dringender Handlungsbedarf.

Man hört ja oft, dass Männer es gern versäumen, ihre Nachfolge zu regeln. Warum wohl?
Vielleicht weil sie daran zweifeln, dass irgendein anderer ihren Job genauso gut ausüben kann wie sie. Sie halten sich für unersetzlich.

Oder sie haben Angst, sich mit ihrem eigenen Abgang und dem Verlust von Macht und Prestige zu befassen?
Gut möglich *(lacht)*. Das ist ja das Schöne, wenn man freiwillig geht. Man muss nicht, sondern handelt aus freien Stücken. Das ist eine wunderbare Erfahrung.

Woher aber haben Sie diese Grosszügigkeit genommen, Ihre Nachfolgerin mit viel Bedacht und grosser Sorgfalt einzuführen und sich dann selber zurückzuziehen?
Es ist doch eine schöne Aufgabe, jemanden zu fördern. Die Klinik, habe ich mir sagen lassen, läuft super. Also kein Zusammenbruch, nur weil ich nicht mehr da bin. Für die Öffentlichkeit ist jetzt Stephanie von Orelli das neue Gesicht der Frauenklinik am Triemli, und sie macht das gut.

Das freut Sie?
(lauthals) Aber ja! Wenn heute ein gynäkologisches Thema in der Zeitung behandelt und sie nicht zitiert wird, ruf ich sie an und frage, was los sei: »Da gehörst du jetzt hin, Stephi!«

Was wird aus Ihrem Know-how und Ihrer Fachkompetenz? Keine Angst, diese Fertigkeiten einzubüssen?
Irgendwann ist auch genug. Ich habe so viele Geburten begleitet und so viel operiert. Jetzt sollen mal die anderen. Ich wäre sicher weniger gern gegangen, wenn sich das Umfeld anders präsentiert hätte. Aber diese wahnsinnige Administration hat mich komplett ausgelaugt. Das Medizinische macht nur noch einen sehr kleinen Teil im Alltag von Ärzten aus. Nehmen wir eine Auskratzung. Die dauert, ganz eng gefasst, drei Minuten. Die Administration dazu mehr als eine Stunde.

Das ist absurd.
Assistenzärzte wenden zwei Drittel ihrer Arbeitszeit für die Administration auf. Wenn sich das nicht radikal ändert, wird die Medizin in eine verheerende Krise geraten.

Sie selber haben keine Kinder. Ist das der Preis, den Sie für Ihre Karriere zahlen mussten?

Wahrscheinlich schon. Meine Kinderlosigkeit hat verschiedene Gründe. Ich habe immer wahnsinnig viel und auch wahnsinnig gern gearbeitet. Dazu hatte ich immer zum falschen Zeitpunkt den falschen Partner. Der eine war zu alt, der andere wollte keine Kinder, weil sie schon seine erste Ehe ruiniert hatten, und der nächste war gerade Grossvater geworden. Da konnte ich es auch vergessen. Falsches Timing also.

Was waren die schwierigsten Phasen in Ihrer Karriere?
(denkt lange nach) Im Verein Inselhof hatten wir lange Zeit einen reizenden Verwaltungsdirektor, der mich einfach hat machen lassen. Sein Nachfolger wollte die Vereinsgeschäfte ein bisschen straffer an die Hand nehmen. Gemäss meiner Einschätzung war er aber dabei, sie mir aus der Hand zu nehmen. Er entschied eigenmächtig über Sachen, die mich betrafen. Da hat es gekracht. Er meinte entschuldigend, er wolle mich doch bloss entlasten. Nachher ging es gut.

Und sonst?
Als das Triemli die Frauenklinik 2005 übernommen hat, kam nochmals eine ganz schwierige Phase. Da haben wir uns wie ein unwillkommener Teil gefühlt. Die Stimmung uns gegenüber war feindlich. Um alles mussten wir kämpfen: Geld, Personal, Material. Kein Mensch realisierte, dass wir eine recht grosse Klinik waren. Im Gegenteil, man behandelte uns wie Menschen zweiter Klasse, und ich wurde den Verdacht nicht los, dass das auch damit zusammenhing, dass wir »nur« Frauen waren. Gott sei Dank kapierte der nachfolgende Direktor des Triemli relativ schnell, dass er diesem Treiben Einhalt gebieten musste.

Sie waren immer bekannt dafür, dass Sie sich auch öffentlich über Missstände in Ihrem Beruf beklagt haben. Hat man versucht, Sie zurückzubinden?
Nein, überhaupt nicht.

Dann waren Sie eher der bunte Hund, den man hat bellen lassen?
Genau. Du tust uns gut, hiess es immer wieder. Dann mussten die anderen nichts sagen, die das Gleiche dachten. Sogar der Direktor vom Triemli hat mir zum Abschied gesagt, es sei schade, dass ich gehe, ich hätte ihnen mit meiner Direktheit einen guten Dienst erwiesen.

Sie sind eine ausgesprochene Frauenförderin gewesen. Wer hat Sie motiviert und gefördert?
Als ich in der Chirurgie angefangen habe, hatte ich einen Chef, der perfekt in einen Arztroman gepasst hätte: wehende weisse Haare, morgens im Reitstall oder mit seinem Flieger in der Luft. Gleichzeitig warteten im Operationssaal bereits betäubte Patienten darauf, dass er seine magische Hand erhebe und sie von ihrem Leiden befreie. Das war nämlich die Kehrseite der Medaille: Er war ein begnadeter Operateur, von dem ich sehr viel gelernt habe. Natürlich war es ein Skandal, dass man die Patienten stundenlang in Narkose versenkte, bis er geruhte, zum Messer zu greifen.

Das muss Sie doch als junge Ärztin irritiert haben.
Schon, aber ich hatte damals meine erste Stelle in der Medizin und konnte die Lage gar nicht richtig einschätzen. Niemand beschwerte sich über ihn, also dachte ich, dieses Verhalten sei üblich bei Ärzten. Später hätte ich in seine Privatabteilung wechseln und jedes Wochenende arbeiten sollen. Da bin ich

in die Kinderchirurgie gegangen. Dort traf ich auf eine leitende Ärztin aus der Tschechoslowakei, die sich rührend für ihre kleinen Patienten einsetzte. Da ging für mich eine neue Welt auf. Aus diesen beiden Erfahrungen hat es bei mir wohl eine ganz brauchbare Mischung gegeben.

Als Chirurgin fingen Sie in einer reinen Männerdomäne an. Noch heute gibt es wenig Frauen mit dieser Spezialisierung.
Das Denken in den Kategorien Männer/Frauen ist mir fremd. Dessen ungeachtet habe ich schon realisiert, dass ich manchmal verschaukelt wurde, bloss weil ich eine Frau bin. So haben meine Kollegen mich gern aufs Programm gesetzt, wenn ein sogenannter Kutschernagel aus dem Oberschenkel eines Patienten entfernt werden musste. Das ist ein Instrument, das nach einem Bruch der Stabilisierung dient und rund ein Jahr später mit einem Hammer wieder herausgeschlagen werden muss. Eine Höllenarbeit. Da sind die anderen Ärzte dann zu zweit oder dritt dabeigestanden und haben sich königlich amüsiert, wie ich mich abgemüht habe. Auch wenn es wirklich streng war, hätte ich niemals jemanden um Hilfe gebeten. Ich habe einfach etwas länger gehämmert, bis der Nagel herauskam.

In der Chirurgie gibt es also natürliche Grenzen für Frauen, die ihren Zugang zu diesem Fach erschweren.
Die gibt es, aber sie bilden kein unüberwindbares Hindernis. Mit der Zeit lernt man, Situationen zu meistern, die Kraft erfordern. Man kann sich ja einen starken Assistenten zulegen.

Wie ist Ihr Verhältnis zum Thema Macht?
Macht heisst für mich, in einer Position zu sein, in der ich etwas entscheiden, aber auch durchsetzen kann, und zwar innert

nützlicher Frist. Basisdemokratische Prozesse in Ehren, aber in einem Spital wirkt es sich lähmend aus, wenn alle Berufsgattungen anwesend sein und mitentscheiden müssen.

Wie viel Macht hatten Sie als Chefärztin Gynäkologie?
In der Anfangszeit war allen klar, dass das Fortbestehen der Frauenklinik an mir hing. Man war auf mich angewiesen, was mir ein wenig, aber auch nicht wahnsinnig viel Macht verlieh. Immerhin habe ich im ersten Jahr mit rund 400 000 Franken so viel verdient wie später nie mehr. Mit der Einbindung der Frauenklinik ins Triemli nahm meine sogenannte Macht deutlich ab, und ich verdiente »nur« noch dreizehnmal 14 000 Franken plus Honorare für Privatpatienten. Davon gibt es aber am Triemli nicht so viele.

Welchen Rang innerhalb der medizinischen Disziplinen bekleidet die Gynäkologie?
Sicher keinen vorderen. An erster Stelle stehen die Herz- und die Hirnchirurgie, dann kommen die Orthopädie und die Urologie, also alles Fächer, in denen sehr viel operiert und sehr viel verdient wird. Seitdem die Frauen die Gynäkologie übernommen haben, hat sich das Fach noch stärker Richtung Beratung, weg vom Operativen entwickelt. Die Patientinnen wollen Unterstützung in Lebensfragen, Kinderfragen, Hormonfragen. Fürs Prestige und das Einkommen ist das natürlich nicht gut.

Fördern und fordern

Seit 2012 ist die Baslerin Stephanie von Orelli alleine Chefärztin der Frauenklinik Maternité am Zürcher Triemlispital. In jenem Jahr brachte sie ihr drittes Kind zur Welt. Dass sie diese Karriere hinbekommen hat, ist auch das Ergebnis von Förderung. Gleichzeitig wusste die 49-Jährige immer, was sie wollte. Sie fordert von sich und anderen viel.

Stephanie von Orelli hatte schon mehrere Angebote für eine Stelle als Chefärztin der Gynäkologie und Geburtshilfe erhalten. Aber noch keines wie dieses: Da schlug ihr Brida von Castelberg von der Zürcher Frauenklinik Maternité Triemli vor, die Leitung der Klinik unter ihnen aufzuteilen. Beide würden je siebzig Prozent übernehmen und damit erstmals in der Geschichte des Spitals ein Co-Chefärztinnen-Modell praktizieren.

Von Castelberg wollte sich entlasten von einer Tätigkeit, die sie zunehmend strapazierte, und eine Nachfolgerin aufbauen. Von Orelli war angetan von der unkonventionellen Idee eines Top-Sharing, aber auch irritiert. Konnte sie denn nach einer mehr als sechzehnjährigen Weiterbildung, die so viel Zeit und Energie gekostet hatte, schon im Alter von 43 Jahren kürzertreten und sich auf ein Pensum beschränken, das sich streng genommen in dreieinhalb Tagen erledigen liess? Als Spross einer Familie, in der ein hohes, protestantisch geprägtes Arbeitsethos herrschte und der Appell »ora et labora« (Bete und arbeite) durchaus ernst gemeint war, tat sie sich mit dem Entscheid schwer.

Unsicher war sie auch, ob es ihr gelingen würde, mit von Castelberg ein Verhältnis auf Augenhöhe zu entwickeln. Schliesslich hatte sie unter der vierzehn Jahre älteren Berufskollegin, die bereits seit 1993 Chefärztin der Maternité war, drei Jahre als Assistenz- und ein Jahr als Oberärztin gearbeitet. »Ich habe sie als Mensch und als Fachperson verehrt«, erzählt von Orelli, »ja, wir alle haben sie verehrt, und plötzlich sollte ich gleichrangig neben einer solchen Respektsperson stehen?« Am Anfang habe sie wirklich Mühe gehabt, sich das vorzustellen.

Umso wichtiger war es, dass sich die beiden Frauen entschieden, gemeinsam einen Spezialisten für Teamberatung aufzusuchen, mit dem sie klären konnten, ob sie überhaupt zusammenpassten und wie sie ihre Kooperation ausgestalten sollten. In diesen Sitzungen merkte von Orelli noch einmal, wie sehr ihr von Castelberg die Hand entgegenstreckte und ihr zu verstehen gab, dass sie sie an ihrer Seite wollte, unbedingt. Langsam löste sich ihr Widerstand auf. Als sie 2007 ihr zweites Kind bekam, lenkte sie ein. Da tat sich eine Chance auf, die sie packen wollte.

Die beiden Frauen beschlossen, in einem gemeinsamen Büro zu arbeiten und – fast noch wichtiger – die Leitung der Fachbereiche aufzuteilen. Von Castelberg war zuständig für die Geburtshilfe und die ambulante Versorgung; von Orelli widmete sich verstärkt den gynäkologisch-onkologischen Fragen und den Operationen. Die eine hatte stets am Dienstag frei, die andere am Freitag. Alle zwei Wochen hatte jede einen zusätzlichen Jokertag zugute. Wer eine viertägige Arbeitswoche absolvierte, übernahm die Führung, leitete die Rapporte und Sitzungen.

Der äussere Rahmen ihres Modells liess sich relativ einfach abstecken. Schwieriger war die Frage, wie sie im Alltag, in dem es vielleicht auch einmal Konflikte geben würde, miteinander klarkämen. Dank dem Coaching, sagt von Orelli, seien sie bestens vorbereitet gewesen: »Es konnte passieren, dass mir Brida in einer Woche, in der ich den Lead hatte, am Rapport reinfunkte. In einer solchen Situation war ich in der Lage, sie auf nette, manchmal auch humorvolle Art zu bremsen, indem ich ihr unsere Spielregeln in Erinnerung rief.« Diese Methode habe sich bewährt, sie hätten kein einziges Mal Streit gehabt.

Im Gegenteil. Je länger sie zusammenarbeiteten, desto besser harmonierten sie. Ihr Umgang war von Wohlwollen und Wertschätzung geprägt. Sie vertrauten einander fachlich und waren sicher, dass die andere ihre Sache ebenso gut machte wie sie selber. Zweifel und Kontrollen erübrigten sich; viele Absprachen und regelmässige Kommunikation gegen aussen waren gleichwohl erforderlich. Auf diesem Boden entfaltete sich ein Klima, in dem sie weitreichende Entscheide intensiv vorbesprechen konnten. Sollten sie ein Tumorzentrum gründen? Konnten sie die anfallenden Kosten tragen? Waren sie auch in der Lage, langfristig hochstehende medizinische Qualität zu liefern? Von Orelli sagt, es sei aussergewöhnlich, in einer Klinik »eine Art Alter Ego zu haben, mit dem man wichtige Entwicklungen auf einer gemeinsamen Wertegrundlage durchdiskutieren kann«. Dass ihre Zusammenarbeit so erfreulich verlaufen sei, habe sicher viel damit zu tun, dass sie sich mindestens in der Anfangszeit mit dem Junior-Part identifiziert und von Castelberg die Senior-Rolle überlassen habe. Andererseits sei diese aber auch bereit gewesen, ihr zunehmend mehr Einfluss zuzugestehen und selber loszulassen. Von Orelli bilanziert: »Ein partnerschaftliches Modell steht und fällt mit der Bereitschaft, nicht nur Macht, sondern auch den Erfolg zu teilen. Man muss auch fähig sein, sich zu freuen oder es mindestens zu ertragen, wenn die Partnerin in der Sonne steht.«

Dass sich die Co-Leitung so positiv entwickelte, hatte auch mit den gesellschaftlichen Entwicklungen zu tun, die das Paar, so von Orelli, »wie eine schöne Welle in die gewünschte Richtung spülten«. So unterstützte der damalige SP-Stadtrat und Gesundheitsvorsteher Robert Neukomm, mit dem sie bei Stellenantritt ein langes Gespräch führten, ihr Modell. Er wusste, dass man in einem dermassen feminisierten Umfeld wie der Gynäkologie und Geburtshilfe unbedingt etwas unternehmen musste, um die Frauen zu fördern. Auch Spitaldirektor Erwin Carigiet, von Haus aus Jurist, stand ihnen zur Seite. Als er die Kliniken des Triemli zu Departementen zusammenführte und dabei die Frauen- mit der Kinderklinik zum Departement »Frauen, Mutter, Kind« verschmolz, wäre er bereit gewesen, sowohl die Ältere als auch die Jüngere als neue Departementsvorsteherin zu akzeptieren.

Von Castelberg pushte von Orelli, auch diese Aufgabe zu übernehmen, doch diese sperrte sich und machte wiederum Druck auf ihre Kollegin mit der Begründung, es sei völlig unangemessen, wenn sie jetzt in einer Einrichtung die oberste Leitung übernehme, die von Castelberg aufgebaut und massgebend geprägt habe. Diese gab schliesslich nach und führte das Departement in den darauffolgenden fünf Jahren selber; von Orelli vertrat es in der Spitalleitung. Dann liess sich von Castelberg frühpensionieren, und von Orelli rückte auch als Departementsleiterin nach.

Jetzt empfand sie den Moment als stimmig und war bereit, auch diese Führungsaufgabe allein zu übernehmen. Das war nicht zuletzt das Verdienst von Brida von Castelberg, die ihr »maximale Förderung« hatte zukommen lassen. »Dank der Co-Leitung wurde ich wie in einem kontinuierlichen Mentoring sanft in die Chefärztinnen-Rolle eingeführt«, sagt von Orelli. »So blieben mir gewisse Hürden, aber auch Blessuren, die man auf dem Weg zur Spitze normalerweise davonträgt, erspart.« Es sei wahnsinnig wertvoll, ein Gegenüber in einer Topposition zu haben, das einen an seinen Stärken teilhaben lasse, aber auch seine Schwächen nicht verberge, sondern wie ihre Kollegin ganz ehrlich sage: »Auch ich bin nicht vom Himmel gefallen. Noch heute stelle ich mir gewisse Fragen und weiss vieles nicht. Zum Beispiel, warum gewisse Sachen einfach nicht funktionieren. Oder warum in der Medizin immer noch viel zu wenig kommuniziert wird. Oder warum man bei jeder anstehenden Veränderung garantiert eine Person vergisst, die nachher beleidigt ist.«

Nun ist von Castelberg nicht einfach ein »Gutmensch«. Vielmehr war sie von Beginn der Zusammenarbeit an daran interessiert, die von ihr aufgebaute Klinik in gute Hände zu legen. Sie kannte von Orelli aus der Assistenzzeit am Triemli, schätzte ihre Schaffenskraft, ihr Engagement und ihre Motiviertheit und machte sie schon mit 31 zur Oberärztin, was ungewöhnlich ist und von grossem Vertrauen zeugt.

Nachher ging von Orelli zunächst ihre eigenen Wege, um Erfahrungen an einer grossen universitären Klinik zu sammeln. Sie war in den folgenden zehn Jahren mehrheitlich am Universitätsspital Zürich tätig und absolvierte gleichzeitig ein Nachdiplomstudium zum Executive Medical Manager, das sie in Fachbereiche wie Personalführung, Finanzwesen und Verhandlungstechnik einführte.

Auch wenn sie behauptet, ihre Karriere nicht strategisch geplant, sondern eher intuitiv jene Schritte gemacht zu haben, zu denen ihr Bauch Ja sagte, beweist diese Management-Ausbildung, dass sie doch recht gezielt auf eine Leitungsfunktion hinarbeitete. Sie lacht und murmelt: »Wer weiss!« Ihr sei es mit dieser Zusatzausbildung vor allem darum gegangen, die administrativen Abläufe des Spitals, die ihre Arbeit zunehmend beeinflussten, besser zu verstehen. Die Nummer eins zu werden, sei für sie nie ein vorrangiges Ziel gewesen. Rang und Status erachte sie als sekundär. Was sie aber schon immer geschätzt habe, sei die Freiheit, ja auch die Macht, mitzugestalten und Entscheide zu fällen: »Es motiviert mich wesentlich mehr, selber die Verantwortung zu tragen, als nur Aufträge anderer auszuführen.«

Nun hat Stephanie von Orelli nicht nur eine Topkarriere hingelegt, sie ist auch noch Mutter dreier Kinder im Alter von acht, sechs und zwei Jahren. Als sie 2005 ihr erstes Kind bekam, war sie leitende Ärztin am Zürcher Unispital und hielt an ihrer vollen Stelle fest, die ihr häufig eine Sechzig-Stunden-Woche abverlangte. Sie räumt ein, dass sie ihr Baby damals kaum gesehen habe. Manchmal habe sie deswegen zwar ein schlechtes Gewissen gehabt, sich aber gesagt, ihr Mann sei ja daheim und kümmere sich: »Was wollte ich mehr?«

Von Orelli legt eine Direktheit, ja Unverblümtheit an den Tag, die man bei Frauen selten antrifft. Etwa wenn sie ohne zu zögern erklärt, dass sie keine Kinder gehabt hätte, wenn ihr Mann nicht bereit gewesen wäre, die Familienarbeit zu teilen: »Dann hätte ich den Beruf priorisiert«, sagt sie, »eindeutig.« Man glaubt ihr aufs Wort. Sie hatte Glück. Ihr Mann ist Franzose und daran gewöhnt, dass Frauen erwerbstätig bleiben, wenn sie Kinder haben. Seine Mutter führte eine Wirtschaftsschule und überliess die Familienarbeit zum grossen Teil seinem Vater. Er wusste sehr genau, welchen Stellenwert seine Frau ihrem Beruf beimisst, ihm war auch klar, dass sie als Spitalärztin nie geregelte Arbeitszeiten haben würde. Trotzdem war er bereit mitzuziehen. Er reduzierte sein Pensum als Architekt auf achtzig Prozent. 2007 wurde das zweite Kind geboren, nahezu zeitgleich mit von Orellis Stellenantritt als Co-Chefärztin im Triemli. Die Reduktion des Arbeitspensums auf siebzig Prozent verschaffte ihr und der Familie mehr Luft.

Wäre von Orelli bei der Geburt des dritten Kindes im Jahr 2012 nicht schon 46 gewesen, hätte sie sogar ein viertes gewollt: »Ich habe nach wie vor das Gefühl, es hätte bei uns am Tisch noch Platz«, sagt sie und strahlt aus ihren kornblumenblauen Augen. Es sei einfach grossartig mit ihrem Sohn und ihren beiden Töchtern, die sie als beste »Burn-out-Prophylaxe« empfinde: »Wann lacht man so viel wie mit Kindern?« Sie liebe das Aufgehobensein in einer Familie, das »Clan-Feeling«: »Dort fühle ich mich verwurzelt.« Starke Worte – und trotzdem hätte sie auf eine Familie verzichtet, wenn diese ihrem Wunsch nach beruflicher Entfaltung im Weg gestanden wäre? Sie nickt.

Seit die Baslerin alleinige Chefärztin der Maternité ist, arbeitet sie achtzig statt siebzig Prozent. Am Mittwoch zieht sie ihren Familientag ein. Weil sie weiss, wie schnell sie sich von einer beruflichen Verpflichtung ablenken oder gar weglocken lässt, hat ihr Kindermädchen an diesem Tag frei. Dann sei sie quasi gezwungen, zu Hause zu bleiben: »Das tut mir gut und erlaubt mir, mich ganz meinen Kindern zu widmen.« Solche Tage gestalte und erlebe sie sehr intensiv. Manchmal müsse sie aber darauf verzichten, weil die Sitzungen der Triemli-Chefärzte seit Ewigkeiten mittwochs stattfinden. Obwohl sie schon mehrmals um eine Verschiebung gebeten habe, könne sie sich in diesem von Männern dominierten Gremium nicht durchsetzen: »Müsste ich eine Lehrveranstaltung an der Universität durchführen, hätte ich bessere Chancen, dass ein anderer Termin gesucht würde.« Familienarbeit aber werde nicht ernst genommen. Sie hat gelernt, damit zu leben.

Im Normalfall beginnt ihr Arbeitsalltag morgens um sieben und endet abends um neun Uhr. Mindestens zweimal pro Woche nimmt sie als Klinikchefin Repräsentationspflichten wahr und besucht eine Veranstaltung. Dann wird es elf Uhr, bis sie zu Hause ist. Sie muss auch fast jeden Samstag arbeiten; den Sonntag verbringe sie am liebsten mit ihrer Familie. Wenn der Aktenberg zu gross werde, müsse sie ihre privaten Bedürfnisse aber manchmal zurückstellen. Gott sei Dank seien ihr Mann und sie sehr flexibel und würden das geplante Skiwochenende einfach verschieben. An ihren insgesamt sechs Wochen Ferien hält sie allerdings fest. Doch selbst dann lässt sie den Kontakt zur Klinik nicht abreissen und beantwortet Mails oder auch einmal einen Anruf. Sie sieht das gelassen: »Ich bin nicht dafür gemacht, ununterbrochen mit kleinen Kindern zusammen zu sein. Nach einer gewissen Zeit tut ein Unterbruch allen gut. Sonst werde ich ungeniessbar.«

Natürlich weiss sie, dass sie wahnsinnig viel arbeitet, unter dem Strich mindestens 120 Prozent. Sie zuckt mit den Achseln: »Ich liebe meinen Beruf, der mir jeden Tag Begegnungen mit Menschen ermöglicht und mich vor interessante Aufgaben stellt.« Nach dem Ausscheiden von Castelbergs habe sie die Chance gehabt, der Klinik vermehrt ihren eigenen Stempel aufzudrücken und Neues einzuführen. Habe ihre Vorgängerin der Geburtshilfe zu grossem Ansehen verholfen und die Zahl der Geburten auf Rekordhöhe gebracht, werde sie ihre Aufmerksamkeit nun zusätzlich auf die Tumorbehandlung richten, was für sie eine spannende Herausforderung sei.

Sie betont, dass sie wahnsinnig viel Glück im Leben gehabt habe. Angefangen bei ihren Eltern, beide Internisten, die zusammen mit einem anderen Ärzte-Ehepaar eine Gemeinschaftspraxis führten und die Leidenschaft für die Medizin auf sie übertrugen. Darüber hinaus war ihre Mutter ein »Riesenvorbild« für sie, die ihr die Sicherheit vermittelte, dass sie als Frau genauso viel wert sei wie ein Mann und den gleichen Anspruch ans Leben stellen dürfe. Ihrem Vater verdankt sie die Fähigkeit, sich auch über Kleinigkeiten zu freuen. Wenn sie mit ihm wandern ging, habe er es geschafft, aus dem Enzian, den sie fanden, etwas ganz Besonderes zu machen. Auch heute noch gerät sie in Verzückung, wenn sie im Frühling die erste Amsel singen hört: »Läppisch, ich weiss«, lacht sie, »aber trotzdem wunderbar.« Diesem Denken entspreche auch ihre Überzeugung, dass das berühmte Glas halb voll und nicht halb leer sei, was das Leben sehr viel einfacher mache.

Bei aller Verbundenheit mit ihren Eltern wusste sie sich aber auch abzugrenzen. So war es kein Zufall, dass sie in Zürich und nicht in Basel studierte. Auch die Wahl der Chirurgie, mit der sie ihre medizinischen Praktika eröffnete, war so etwas wie ein Kontrastprogramm zur Inneren Medizin, die ihre Eltern betrieben. Sie genoss die intensive Arbeit mit den Händen und galt trotz ihrer 1,58 Meter schnell als geborene Chirurgin. Der eher rüde Umgangston im Operationssaal war ihr dann aber doch zu »tough« und liess sie wechseln. In der Gynäkologie fand sie die ideale Kompromisslösung: »Ein breites Tätigkeitsfeld, das viel Abwechslung bietet, darunter auch die Möglichkeit zum Operieren und viel Kontakt mit Frauen.«

Heute ist sie eine bekannte Gynäkologin, die oft in den Medien erscheint und als Expertin gefragt ist. Sie ist aus dem Schatten ihrer grossen Vorgängerin getreten und hat ihr eigenes Profil bekommen. Inzwischen hat sie auch den ihr zusagenden Führungsstil gefunden, einen eher partizipativen, nicht autoritären – und musste feststellen, »dass es gar nicht alle gernhaben, wenn sie dermassen eingebunden werden«. Anpassungen waren nötig und brachten Entspannung. Sie bezeichnet den Weg, den sie nun seit zwei Jahren allein an der Spitze, aber unterstützt von einer Stellvertreterin und einem Stellvertreter geht, als »Lernprozess«, der sie auch befähige, die Kontakte zu den Kollegen anderer Fachbereiche selbstbewusster zu gestalten. Es sei anstrengend, sagt sie, die Intensivmediziner und Herzchirurgen davon zu überzeugen, dass die Bedürfnisse des Frauendepartements genauso wichtig seien wie die ihrer prestigeträchtigeren Fachbereiche: »Da muss ich manchmal kämpfen wie eine Löwin.«

Gibt es denn auch Momente, in denen ihr der Spagat zwischen dem Spitzenjob und der fünfköpfigen Familie zu viel wird? »Selten«, sagt sie. Es sei alles eine Frage der Organisation, und die sei bei ihnen daheim optimal. Sie hätten ein wunderbares Kindermädchen, das drei Tage pro Woche zur Verfügung stehe. Montags sei ihr Mann verantwortlich, mittwochs sie, das Wochenende würden sie von Fall zu Fall regeln. Wenn alle Stricke reissen und das Kindermädchen mal ausfalle, gebe es ja auch noch Notfall-Nannys: »Man muss sich als Frau seiner Bedürfnisse bewusst sein und loslassen können«, sagt sie, »sonst ist es schwierig, gleichzeitig beruflich vorwärtszukommen.« Die Primarschule zum Beispiel erwarte von den Eltern, dass diese regelmässig am Alltag ihrer Söhne und Töchter teilnehmen. Am Schulbesuchstag, beim gemeinsamen Räbeliechtli-Schnitzen, bei Theateraufführungen und wenn die »Zahnfrau« komme: »Das kann eine berufstätige Person nicht bewältigen, insbesondere dann nicht, wenn sie mehrere Kinder hat.« Klar hätten auch ihr Mann und sie den Anspruch, ihren Kindern möglichst viel Aufmerksamkeit zu schenken, aber manchmal müssten sie einfach passen, weil ein beruflicher Termin dazwischenkomme: »Das kann zu Enttäuschungen führen«, räumt sie ein, »aber das ist nicht das Ende der Welt und lässt sich wieder gutmachen.«

Abgrenzen müsse sie sich auch, wenn eines ihrer Kinder irgendein Problem habe und die Ursache reflexartig in ihrer Berufstätigkeit gesucht werde. Als ihre Tochter Schwierigkeiten mit der Sprachbildung hatte, habe die Logopädin auf der Stelle gemeint, es sei halt schwierig für ein Kind, wenn die Mutter so viel arbeite. Sie sei an diese Art Vorwürfe gewöhnt, sagt sie, und lasse sich davon nicht aus der Ruhe bringen. Nur wisse sie leider aus ihrer Kindheit, dass solche Vorurteile einem kleinen Mädchen oder Buben das Leben wirklich schwer machen können. Als sie einmal ziemlich schlechte Noten hatte, habe man sie zur Schulpsychologin geschickt. Deren erste Frage lautete: »Fehlt dir deine Mami?« Nach diesem Gespräch habe sie sich als Kind tatsächlich Sorgen gemacht, ob bei ihnen daheim alles in Ordnung sei: »Dabei war es bis zu diesem Tag für mich die normalste Sache der Welt, dass meine Mutter berufstätig war.«

Auch einmal zu grosse Schuhe anziehen

Die sechzigjährige Aargauerin Elfi Seiler hat eine Bilderbuch-Karriere gemacht. Die gelernte Drogistin ist heute Co-Leiterin und Mitbesitzerin der Zürcher St.-Peter-Apotheke sowie Verwaltungsrätin des Arzneimittel- und Naturkosmetikkonzerns Weleda. Die Lust, Herausforderungen anzunehmen und zu meistern, hat sie beflügelt.

Der weisse Kittel hatte es ihr angetan. Nicht irgendeiner, nein, der langärmlige, durchgehend geknöpfte, den die Apothekerinnen trugen. Mit ihm verknüpfte sie Überlegenheit, Professionalität, Sicherheit und Reinheit – Eigenschaften, die ihr Eindruck machten. Was lag also näher, als dass sie sich von früh an wünschte, Apothekerin zu werden?

Nun stammt Elfi Seiler aus einer Arbeiterfamilie im aargauischen Hägglingen. Der Vater war Laborant, später Gefängniswärter, die Mutter betrieb ihren eigenen Coiffeursalon. Von akademischer Vorbelastung keine Spur. So erhielt die Tochter von daheim nicht besonders viel Unterstützung bei ihren Studienplänen und fühlte sich etwas verloren, als sie die Schule beendet hatte. Was tun? Da kam das Inserat in der Lokalzeitung, in dem eine Lehrstelle als Drogistin ausgeschrieben war, wie gerufen. Immerhin würde sie auch dort eine vierjährige Ausbildung machen können, schnell ihr eigenes Geld verdienen und unabhängig werden – und sie könnte ebenfalls einen weissen Kittel tragen. Kurz entschlossen bewarb sie sich und bekam die Stelle.

Dass auch sie und ihre Schwester einen Beruf erlernen sollten, so wie der Bruder, war im Hause Seiler unbestritten. Ihre Mutter, eine gebürtige Österreicherin mit Jahrgang 1925, war eine für die damalige Zeit ungewöhnlich eigenständige Frau. »Sie hat immer gemacht, was sie wollte«, sagt Elfi Seiler, und das, ohne ihren Mann zu fragen. »Sie kaufte ein Auto ohne sein Wissen und plante mit einem ortsansässigen Architekten den Bau eines neuen Hauses, ohne meinen Vater richtig einzubeziehen.« Im 2000-Seelen-Dorf Hägglingen habe sie Aufsehen erregt, weil sie als Coiffeuse nicht nur das Damen-, sondern auch das Herrenfach beherrschte und dazu noch eine attraktive Blondine war.

Bei allem Faszinierenden sei sie aber auch eine gestresste Person gewesen, in deren Gegenwart man sich nicht immer wohlgefühlt habe, sagt die Tochter. Ihr Vater hingegen sei ein entspannter, naturverbundener Mensch gewesen, mit einer sozialen Ader und grossem politischem Interesse. So habe er etwa gemeinsam mit seinen Brüdern die Sozialdemokratische Partei Hägglingen gegründet. Das Bedürfnis, in der Familie den Ton anzugeben, sei ihm hingegen fremd gewesen: »Er hatte überhaupt keine Probleme mit der Dominanz seiner Frau. Im Gegenteil, er genoss es beispielsweise, dass sie ihm das Autofahren beibrachte.«

Die Mutter war ambitionierter, nicht zuletzt im Umgang mit ihrer Erstgeborenen. Weil sie nicht wusste, dass sie Zwillinge erwartete, hatte sie bloss einen Namen ausgewählt: Elfriede. Den Anstoss dazu hatte eine Nachbarin gegeben: Elfriede Huber aus Hägglingen, eine alleinstehende Frau mit viel modischem Flair, eigenem Haus und Auto und einer Stelle in Zürich. Elfi Seiler lacht: »Der Name war Programm, und mir war klar, was meine Mutter von mir erwartete.« Da habe es ihre Schwester leichter gehabt. Für sie schüttelte der Vater auf dem Weg zum Gemeindehaus, wo er seine Zwillinge anmelden musste, eilends den Namen Verena, kurz Vreni, aus dem Ärmel: »Nach der besten Kuh im Stall des Grossvaters.«

In ihrer Lehre als Drogistin machte die junge Elfriede ernüchternde Erfahrungen. Das erste Jahr gefiel ihr ganz gut; nachher war sie unterfordert. Jeden Tag Kleenex, Deodorants und Zahnpasta verkaufen zu müssen, fesselte sie nur mässig. Auch für Kosmetik und Schönheitspflege konnte sie sich nicht richtig begeistern. Interessant fand sie es einzig, wenn sie Farben mischen oder Franzbranntwein herstellen konnte. Ende der Siebzigerjahre trat sie trotz vieler Vorbehalte ihre erste Stelle in der Drogerie im Zuger Neustadt-Center an. Dort verdiente sie gegen 3500 Franken im Monat und ahnte nicht, dass sie diesem Geschäft sechzehn Jahre lang treu bleiben würde.

Doch Zug wurde für sie zu einem Ort, an dem sie andere, viel wichtigere und sie stark prägende Erfahrungen machte: Sie lebte in einer Wohngemeinschaft und trat der Sozialistischen Arbeiterpartei, SAP, bei, vormals Revolutionäre Marxistische Liga, RML. Die kleine, trotzkistisch ausgerichtete Partei hielt ihre Sitzungen in einem klandestinen Kellerraum ab, den man »Gruft« nannte. Die Mitglieder trugen Tarnnamen, um dem als allgegenwärtig erlebten Klassenfeind die Identifizierung ihrer Leute zu erschweren. Die Massnahme war nicht nur Ausdruck von Revolutionsromantik. Sie war auch eine Reaktion darauf, dass damals wiederholt Berufsverbote gegen Linke ausgesprochen wurden.

Seiler entschied sich für das Pseudonym »Anna«. Sie zahlte zehn Prozent ihres Lohns in die Parteikasse ein, investierte unendlich viel Zeit in stundenlange Abendsitzungen, Schulungskurse und Wochenend-Kongresse in der ganzen Schweiz. Weil ihr Arbeitgeber, anders als beispielsweise die Rektoren staatlicher Schulen, nichts gegen das politische Engagement seiner Angestellten einzuwenden hatte, wurde Seiler der parteiinternen »Sicherheitsstufe vier« zugeteilt: »Genosse ohne besondere Einschränkung«. So übernahm sie zunehmend Aufgaben in der Öffentlichkeit, verkaufte an den Bahnhöfen von Zug und Baar das Parteiorgan »Bresche«, verteilte frühmorgens an den Fabriktoren von Landis & Gyr Flugblätter, hielt an Kundgebungen Reden oder diskutierte auf Podien mit.

Ganz genau weiss sie nicht mehr, warum sie sich damals derart für die Revolution ins Zeug gelegt und dabei riskiert hatte, als extreme Linke geächtet und gesellschaftlich ausgegrenzt zu werden. Sie denkt lange nach und sagt: »Ich war jung und ungestüm und wollte mir von niemandem vorschreiben lassen, was ich zu tun hatte.« Dass ihr Vater die Partei als »Sekte« abqualifizierte, entlockte ihr nur ein müdes Lächeln. Mehr Gewicht hatten damals die Genossen, darunter inzwischen landesweit bekannte Politiker wie alt Nationalrat Josef Lang oder alt Regierungsrat Hanspeter Uster, mit denen sie ihre gesamte Freizeit verbrachte.

Sie lernte ständig Neues: So schrieb sie Artikel, übte sich im Debattieren, in der politischen Analyse, und sie las von Marx über Lenin bis zu Ernest Mandel und Rosa Luxemburg alles, was sie an linken Klassikern auftreiben konnte. Anders als in ihrem früheren Umfeld, war sie jetzt mehrheitlich mit Studenten und angehenden Akademikerinnen zusammen. Dass sie intellektuell gefordert war, empfand sie als »unglaublich anregend«.

Paradoxerweise prädestinierten sie ihr nicht akademischer Hintergrund und ihre Verankerung innerhalb der arbeitenden

Bevölkerung für parteipolitische Aufgaben ganz besonderer Art. Die SAP hatte damals nämlich eine sogenannte Proletarisierungskampagne lanciert: Akademiker machten Berufslehren, um im Anschluss daran an die »Fabrikfront« zu gehen und dort gemeinsam mit den Arbeitern die Revolution auszulösen. Seiler aber war – um im Jargon zu bleiben – bereits proletarisiert und stand eh schon täglich in Kontakt mit den Werktätigen: »Ich war sozusagen das perfekte Parteimitglied«, schmunzelt sie, »und wurde von meinen Genossen mit sehr viel Wertschätzung und Respekt bedacht.«

Dazu gab es mit der damals aufflammenden Frauenfrage ein Thema, mit dem sie sich stark identifizierte. Sie kämpfte mit grosser Überzeugung für die Fristenlösungs-Initiative, einen besseren Mutterschaftsschutz, gegen Pornografie, für gleichen Lohn – und bezeichnete sich stolz als Feministin.

Als die Partei beschloss, den Marsch durch die Institutionen anzutreten und Kandidaten für die Wahlen aufzubauen, war Seiler bereit, sich zu exponieren. Ob für den Regierungs-, den Stände- oder den Kantonsrat: Sie stand jedes Mal in der vordersten Reihe und verschaffte sich und ihrer Partei viel Aufmerksamkeit. Sogar der »Neuen Zürcher Zeitung« war die »sozialistische Ständeratskandidatin im Kanton Zug« eine Meldung wert. Am 24. September 1982 hiess es in der NZZ: »Die SAP will mit einer Kampfkandidatin die stille Wahl der beiden bürgerlichen Ständeräte Markus Kündig (CVP) und Othmar Andermatt (FDP) am 14. November verhindern. Sie hat deshalb die 27-jährige Elfi Seiler, Gewerkschafterin und sozialistische Feministin (…), aufgestellt.«

Einmal mehr stand sie damals vor der Frage, ob sie eine neue Herausforderung annehmen wollte, und einmal mehr war die Lust, sich zu engagieren und zu beweisen, zur Triebfeder ihres Handelns geworden: »Darum habe ich die viel Zeit und Energie für die Wahlkämpfe aufgewendet«, konstatiert sie, »aber auch das Risiko in Kauf genommen, mich gesellschaftlich definitiv am Rand zu positionieren.« Die wochenlangen Wahlkämpfe hatten es tatsächlich in sich. Die Genossen bereiteten sie zwar akribisch auf Interviews, Podiumsdiskussionen und Reden vor. Trotzdem stand sie als junge Frau ganz besonders unter Beobachtung und musste sich einiges an Kritik, ja Häme, gefallen lassen. Ältere bürgerliche Politiker nahmen sie oft gar nicht erst ernst. Leserbriefschreiber empfanden es als Anmassung, dass eine Drogistin Stände- oder Regierungsrätin werden wollte. Fiel ein Zeitungsartikel zu ihren Gunsten aus, waren die »alten Machos«, so Seiler, sofort wieder zur Stelle und gifteten zurück: »Wir brauchen keine Politik mit dem Kochlöffel.« Aber auch von Frauenseite gab es wenig Unterstützung. Nicht einmal die SP-Frauen fanden einen Draht zur FBB, der neuen Frauenbefreiungsbewegung, in der die sozialistischen Genossinnen, darunter Seiler, die Wortführerinnen waren.

Manchmal lief es aber auch richtig gut. Im Verlauf ihrer ersten Regierungsrats-Kandidatur lud das von Klosterschwestern geführte Lehrerinnenseminar Heiligkreuz in Cham Seiler, den amtierenden FDP-Regierungsrat Andreas Iten und weitere Kandidaten zu einer Podiumsdiskussion ein, um den Schülerinnen Staatskunde live zu bieten. Seiler, nicht viel älter als das Publikum, erntete tosenden Beifall von den Seminaristinnen, die sich von ihr gut vertreten fühlten. Regierungsrat Iten, erinnert sich Seiler mit Schalk in der Stimme, sei beim anschliessenden Zvieri gern neben ihr gesessen und habe ihr väterlich-herablassend beschieden, dass sie das toll gemacht habe, aber leider in der falschen Partei sei.

Im Rückblick denkt sie mit Schaudern an die Ängste, die sie damals bei dem Gedanken ausgestanden habe, sie könne tatsächlich gewählt werden: »Ich habe nächtelang wach gelegen und mir Vorwürfe gemacht, dass ich mich in dieses Abenteuer gestürzt hatte.« Doch sie stand diese Phase durch, allein und ohne Rückendeckung der Genossen, die sie niemals in ihre »kleinlichen Sorgen« eingeweiht hätte. Heute gewinnt sie der damals gemachten Erfahrung etwas Gutes ab: »Ich habe kapiert, dass man sich im Leben auch mal zu grosse Schuhe anziehen darf, ohne sofort unterzugehen.«

Ende der Achtzigerjahre war sie fällig für etwas Neues. Sie mochte nicht länger in der Drogerie Shampoo und Babywindeln verkaufen; sie fühlte sich aber auch nicht mehr wohl in einer Partei, die ihren Namen und ihr Programm so schnell wechselte, dass Seiler es als »opportunistisch« empfand. Ausserdem wollte sie nicht mehr ihre gesamte Freizeit in den Dienst der Politik stellen, sondern sich vermehrt auch ihren privaten Bedürfnissen widmen. Bisher hatte sie ja nicht einmal Zeit für eine Liebesbeziehung gefunden. Also trat sie aus der Partei aus.

Just in diesem Moment stiess sie im »Tages-Anzeiger« auf ein Porträt von Silvia Briggen, der Chefin der Zürcher Bellevue-Apotheke. Was sie las, imponierte ihr »extrem«. Da hatte sie eine erfolgreiche, eigenständige Geschäftsfrau vor Augen, die ihre Meinung zu Tierversuchen oder flächendeckenden Hormontherapien bei Frauen in der Menopause dezidiert in der Öffentlichkeit vertrat und sich nicht scheute, den Pharmariesen Sandoz nach der Brandkatastrophe von Schweizerhalle im Jahr 1986 zu boykottieren. Mit der Bellevue-Apotheke, die auf homöopathisch-anthroposophische Heilmittel spezialisiert und täglich 24 Stunden geöffnet war, hatte sie ein einmaliges Angebot geschaffen. Elfi Seiler war wie elektrisiert. Hatte sie nicht immer Apothekerin werden wollen? Bot sich hier die Chance, doch noch in die Fussstapfen von Elfriede

Huber aus Hägglingen zu treten und im grossen Zürich Karriere zu machen?

Kurz entschlossen setzte sie eine Blindbewerbung auf und wurde augenblicklich zu einem Gespräch eingeladen. »Briggen war begeistert von mir«, erzählt Seiler lachend, »sie sah in mir eine Seelenverwandte, die sich wie sie für soziale Anliegen einsetzte und den Mut hatte, sich zu wehren und öffentlich Position zu beziehen.« Ihre politische Vergangenheit habe Briggen beeindruckt und sei zum grossen Plus geworden. Daran änderte sich auch nichts, als Seiler erklärte, dass sie Drogistin und nicht Pharmaassistentin sei: »Kein Problem. Wir arbeiten Sie ein.« Briggen hatte zwar nicht einmal eine offene Stelle, schaffte aber auch diese »Kleinigkeit« aus der Welt: »Bei achtzig Angestellten spielt eine Person mehr oder weniger keine Rolle.« Die damals 33-Jährige bekam ihren Traumjob, verdiente nun rund 4200 Franken pro Monat und bezog im Zürcher Seefeld-Quartier eine wunderschöne Personalwohnung für knapp 500 Franken.

Ein neuer Lebensabschnitt begann. Elfi Seilers Interesse an den Medikamenten, insbesondere den komplementärmedizinischen, war riesig. Sie lernte jeden Tag und hatte in Silvia Briggen eine Schirmherrin, die sie nach allen Regeln der Kunst förderte: »Sie traute mir alles zu«, erzählt Seiler, »und stärkte damit auch meinen eigenen Glauben an meine Fähigkeiten.« Mehrmals pro Jahr nahm Briggen Seiler an Weiterbildungskurse mit, ebenso an die regelmässigen Apothekersitzungen, an denen sie die junge Kollegin als ihre »rechte Hand« vorstellte. Im Nu machte sie Seiler auch offiziell zu ihrer Stellvertreterin.

Silvia Briggen, selber Pharmazeutin, konnte die Jüngere überzeugen, dass es »zweitrangig« war, dass sie kein Studium absolviert hatte. Sie werde alles Nötige »on the job« lernen.

Gleichzeitig war sie offen für Anregungen, aber auch kritische Einwände, die sich Seiler im Gegensatz zu den meisten anderen Mitarbeiterinnen erlaubte. »Wer sich einmal als SAP-Mitglied in Zug mit den Bürgerlichen angelegt hat, fürchtet Auseinandersetzungen nicht mehr so schnell«, sagt Seiler. Dazu habe es Briggen ihr wirklich leicht gemacht: »Sie konnte es sogar geniessen, von mir herausgefordert zu werden.«

Natürlich sahen nicht alle Angestellten das innige Verhältnis zwischen der Chefin und ihrer Stellvertreterin gern. Da mag vor allem bei den Akademikern Neid geweckt worden sein, als 1988 eine Drogerieverkäuferin aus der Provinz zu ihnen stiess und ihren Siegeszug antrat. Doch für diese Leute sollte es noch härter werden. Als Briggen daranging, ihre Nachfolge als Besitzerin und Geschäftsführerin zu regeln, fiel ihre Wahl – wenig überraschend – auf Seiler. Erneut war sie so überzeugt von ihrem Entscheid, dass sie kein Gegenargument gelten liess. Kein Geld? Das lösen wir mit einem speziellen Darlehensvertrag. Zu viel Verantwortung und Stress allein an der Spitze? Dann wählen wir eine Co-Leitung.

Jetzt lag der Ball bei Seiler. Soll ich, soll ich nicht? Bin ich dieser Aufgabe gewachsen? Oder ist das alles eine Nummer zu gross? Sie war hin- und hergerissen. Doch dann setzte sich ihre Lust am Risiko durch: »Ich wollte wissen, ob ich das packe, und sagte zu.«

An ihrer fachlichen Kompetenz zweifelte Elfi Seiler schon lange nicht mehr. Dank ihrer inzwischen mehr als 25-jährigen Berufserfahrung, aber auch dank ihrer regelmässigen Weiterbildung, verfügte sie nun in der Apotheke über das grösste Wissen im Bereich Komplementärmedizin. Bei schulmedizinischen Fragen, wenn es beispielsweise um streng rezeptpflichtige Medikamente geht, verhält sie sich auch als Chefin ganz nach dem in der Branche üblichen Vier-Augen-Prinzip und zieht eine Pharmazeutin bei: »Da bricht mir kein Zacken aus der Krone.«

Ihr Personal führe sie dann am besten, sagt sie, wenn sie die einzelnen Frauen und Männer wirklich wahrnehme. So sei ihr einmal aufgefallen, dass sie nicht einmal von allen den Wohnort kannte. Gleichzeitig merkte sie, dass sie nicht genau wusste, wie die einzelnen Mitarbeiter Beruf und Familie vereinbarten. Diese Wissenslücken habe sie gefüllt und sei überzeugt, ihren Leuten damit besser gerecht werden zu können. Unbelehrbar bleibt sie allerdings in einem Punkt: Mitarbeiterinnen bedrängten sie immer wieder, ob man nicht auf die weissen Kittel verzichten oder wenigstens noch einen bunten Schal tragen könne. Da reagiere sie gnadenlos: »Wir sind hier in einer Apotheke, und dazu gehört nun einmal der schmucklose weisse Kittel.«

Nun hat Elfi Seiler nicht nur die Co-Leitung der Apotheke übernommen, sondern sie hat sie gemeinsam mit einem Apotheker und einer Schwester Briggens, die beruflich nichts mit Medizin zu tun hat, gekauft. Sie ist die Mitbesitzerin eines Geschäfts, das jährlich knapp eine halbe Million Franken Miete zahlen muss, in dem sie selber monatlich 8000 Franken netto verdient und in dem rund 35 Frauen und Männer beschäftigt sind. Der reduzierte Personalbestand ist eine Folge des Umzugs von der Bellevue- in die deutlich kleinere St.-Peter-Apotheke nahe der Bahnhofstrasse, den noch Silvia Briggen – 1989 nach dem unsanften Ende des ursprünglichen Mietverhältnisses – veranlasst hatte. Auch ist die Apotheke zwar immer noch 365 Tage geöffnet, aber nicht mehr 24 Stunden, sondern »nur« noch von acht bis zwanzig Uhr.

Seiler ist zur Unternehmerin geworden. Sie nickt heftig: »Gott sei Dank ist mir das unternehmerische Denken in die Wiege gelegt worden.« Sie habe einen sicheren Instinkt und realisiere sehr genau, welche Entscheide der Apotheke guttun. So habe sie von Anfang an gewusst, dass sie an der wenig exponierten St.-Peter-Strasse vermehrt Produkte anbieten müsse, die man sonst nirgends bekomme, um genügend Kundschaft anzulocken. Die Produkte der anthroposophischen Ita-Wegman-Klinik und jene der Lukas-Klinik genügen diesem Anspruch ebenso wie die Naturkosmetik aus dem Bergeller Bergdorf Soglio. Das Gleiche gelte für die hausgemachte Rosen-Edition mit Körperöl, Gesichts- und Handcreme; ein Rosenbauer im deutschen Rothenburg ob der Tauber liefere die Basisstoffe in Demeter-Qualität. Die Wachs-Handcreme sei zur »absoluten Erfolgsgeschichte« geworden, schwärmt Seiler, und werde heute zweitausendmal pro Jahr verlangt statt wie früher höchstens hundertmal. Um die Nachfrage befriedigen zu können, musste man die Produktion auslagern. Bei diesem Projekt war die Skepsis innerhalb der Apotheke riesig, die Angst, ein zu grosses Risiko einzugehen, fast unüberwindlich. Doch die Co-Chefin vertraute ihrer Nase und setzte sich durch.

2012 kam die nächste Prüfung. Der international tätige Weleda-Konzern wechselte in einer wirtschaftlich schwierigen Phase den gesamten Verwaltungsrat aus und bot Seiler einen der fünf Sitze an. Sie schluckte leer. Briggen hatte dieselbe Anfrage seinerzeit abschlägig beantwortet, weil sie sich den Anforderungen nicht gewachsen fühlte. Immerhin hat das Unternehmen knapp 2000 Mitarbeitende und erzielt mit Arzneimitteln und Naturkosmetik weltweit einen Umsatz von 388 Millionen Franken. Und jetzt sollte sie in einer harten Sanierungsphase als Nichtakademikerin und einzige Frau neben einem Wirtschaftswissenschaftler, einem Juristen, einem Mathematiker und einem Mediziner in diesem Gremium Einsitz nehmen?

In der Branche war nebst Elfi Seilers Fachkompetenz vor allem ihre Unerschrockenheit bekannt. Wenn Firmen wie Weleda oder ihre grösste Konkurrenz Wala wieder mal eine Out-of-Stock-Liste präsentierten, um die Lieferschwierigkeiten eines Medikaments zu begründen, traf Seiler persönlich deren Vorgesetzte und pochte auf Zuverlässigkeit: »Wir sind eine Apotheke und kein Kiosk!« Sie muss selber lachen, wenn sie diese Geschichte erzählt: »Mit solch markigen Sprüchen habe ich mir den Übernamen ›Margaret Thatcher aus der Schweiz‹ erworben.«

Das alte Spiel begann. Konnte sie, durfte sie, wollte sie? Inzwischen war sie sich ihrer Sache schneller sicher und griff beherzt zu: »Der Job reizte mich, und die Anfrage kam zum richtigen Zeitpunkt; ich war fällig für etwas Neues.« Eine grosse Mutprobe sei es aber trotzdem gewesen, schiebt sie wie eine Rechtfertigung hinterher.

Bei der konstituierenden Sitzung habe sie dann sogleich einmal der Mut verlassen, weil die deutschen Männer so schnell redeten, dass sie kein Wort verstanden habe. Gott sei Dank sei der Jurist auch aus der Schweiz gekommen, und so hätten sie sich gemeinsam für ein etwas gemässigteres Sprechtempo gewehrt.

Zuhören, Fragen stellen, nachhaken, insistieren und intervenieren, bis ihr, aber wohl auch den anderen, alles klar ist, das sei zu ihrem Markenzeichen geworden. Sie lerne jedes Mal viel, wälze im Vorfeld der Sitzungen dicke Dossiers und fühle sich von den vier Männern sehr geschätzt. Sie bezeichnet den Verwaltungsratsposten als eines der »Highlights« ihrer Karriere. Dafür müsse sie aber auch an sechs bis acht Sitzungen teilnehmen, die abwechselnd in Deutschland, Holland, Österreich und der Schweiz stattfinden und sie jeweils mehrere Tage von der Apotheke fernhalten.

Das alles bewältigt sie relativ problemlos, weil ihr Partner, ein zehn Jahre älterer, bereits pensionierter Anglist, mit dem sie seit sechzehn Jahren »in einer sehr glücklichen Beziehung« zusammenlebt, das Backoffice bestellt und alle Haushaltspflichten übernimmt: »Das ist ein Privileg, das ich geniesse und das mir erlaubt, mich ganz meinen beruflichen Aktivitäten zu widmen.« Sie grinst: »Wenns geht, bis ich siebzig bin.«

Den eigenen Werten vertrauen

Martina Monti war knapp zwanzig Jahre lang stellvertretende Chefredaktorin der »Annabelle«. Sie hätte es auch bis nach ganz oben schaffen können. Doch die 53-Jährige hat sich stets bewusst für die Funktion der Nummer zwei entschieden, die sie rundherum zufrieden machte. Vor kurzem hat sie ihren Posten als Stellvertreterin aufgegeben und bricht nun nochmals zu neuen Ufern auf.

Als Nummer zwei ist man sehr weit oben, bewegt sich auf Augenhöhe mit dem Chef, wird von ihm konsultiert und kann dessen Büro in der Regel auch unangemeldet betreten. Eine gute Nummer zwei hat grossen Einfluss auf ihren Vorgesetzten und verfügt über viel Wissen und damit auch Macht. Die Nummer zwei ist jemand.

Gleichwohl ist man in den Augen vieler als Nummer zwei nur zweite Wahl. Vor allem Männer taxieren jene, die diesen Posten schon lange bekleiden, gern als »ewige Nummer zwei«; gemeint ist eine Person, der es an Durchschlagskraft, dem letzten Willen zur Macht, kurz der Aura des Siegers, fehlt. Der einzige Rang, der seinem Träger wahrhaft Glanz verleiht, ist dieser Logik zufolge jener der Nummer eins. Nur auf dem Gipfel, wo es kalt, oft stürmisch und einsam ist, lassen sich

Ruhm und Ansehen gewinnen. Das jedenfalls behaupten all jene, die aus einer Topposition einen Mythos machen und dabei den Inhalt und die Qualität der jeweiligen Arbeit schnell aus den Augen verlieren.

Martina Monti war knapp zwanzig Jahre lang stellvertretende Chefredaktorin der Frauenzeitschrift »Annabelle«. Sie verkörperte also die »ewige Nummer zwei« geradezu idealtypisch.

Daran änderte auch die vorübergehende Übernahme des Chefpostens nichts. 2004 leitete sie die Redaktion während dreier Monate interimistisch und stellte fest, dass sie der Aufgabe »rein technisch gesehen« durchaus gewachsen war. Trotzdem zog sie sich mit Freude wieder in die zweite Reihe zurück, als die damals neu engagierte Chefredaktorin Lisa Feldmann übernahm.

Mit der gleichen Überzeugung hatte sie schon vorher für sich entschieden, Anfragen des Verlags, ob sie Chefin werden wolle, auszuschlagen. »Es gibt wenige Entscheide in meinem Leben«, sagt sie, »die ich so stimmig finde und selbst in schwierigen Zeiten, in denen ich alles andere infrage stellte, nie bereut habe wie jenen, nicht Chefredaktorin der ›Annabelle‹ zu werden.«

Trotzdem dachte die gebürtige Rheinländerin, die aus Düsseldorf stammt, sehr gross, sehr schlank und sehr witzig ist, dazu atemberaubend schnell Hochdeutsch spricht, viel über ihre Karriere nach. Nicht zuletzt, weil ihre Umgebung nie damit aufgehört hatte, sie zu fragen, ja regelrecht zu bestürmen, ob sie nicht doch Lust hätte, sich um den Spitzenposten zu bewerben. Sie sei doch geradezu prädestiniert für diese Aufgabe.

Auch als eine Astrologin ihr ein Geburtshoroskop erstellte und in den Sternen las, dass Monti im Grunde ihres Wesens eine Führungspersönlichkeit sei und die »Rampensau« in sich endlich rauslassen solle, war das Thema wieder auf dem Tisch. Sie zuckt mit den Achseln: »That's not my cup of tea. Ich bin die geborene Nummer zwei. Das ist ein Job, der exakt meinen Bedürfnissen und Fähigkeiten entsprochen und mir Spass gemacht hat.«

Endgültig verstanden, warum ausgerechnet sie die ideale Nummer zwei ist, hat sie in einem Workshop zu den Grundlagen des Feng-Shui. Als sie dort erfuhr, dass die Figur der »grossen Schwester« perfekt zu ihrer Person passe, war sie platt: »Besser bin ich noch nie mit einem einzigen Begriff charakterisiert worden.«

Als Schwester stehe sie zwar auf einer Ebene mit ihren Kolleginnen, als grosse Schwester trage sie aber zusätzliche Verantwortung und müsse eine Art Führungsfunktion wahrnehmen. Wirklich führen aber, mit allen Konsequenzen und Verbindlichkeiten, müsse die Nummer eins, die Mutter, wolle man im Bild bleiben, deren Funktion sie in einem Masse in die Pflicht nehme, das Martina Monti für sich als einschränkend empfinden würde.

Auch wenn sie sich all dessen 1997 noch nicht ganz bewusst war, überlegte sie sich bei der Übernahme ihres Amtes intensiv, wie sie dieses ausgestalten wollte. Ein klar umrissenes Pflichtenheft gab es nicht. Sie war also gezwungen, sich ihr eigenes Profil zu entwerfen.

Es lag auf der Hand, dass sie ihre Vorgesetzte in deren Abwesenheit ersetzen würde. Aber damit war es nicht getan. Von Anfang an orientierte sie sich stark an ihren Kolleginnen und fragte sich, wie sie ihnen nützen könne. Sie wurde zur wichtigen Ansprechperson, deren Tür stets offen war und die in einem ständigen Austausch mit den Mitarbeitenden auf der Redaktion stand. Mit den einen diskutierte sie über Ideen, suchte gemeinsam nach Interviewpartnern und besprach Artikel, die am Entstehen waren; anderen half sie bei Konflikten oder sich anbahnenden Turbulenzen. Manchmal war sie auch eine Art Filter gegen oben und riet dazu, erst ein, zwei Tage später bei der Chefin vorstellig zu werden, weil diese momentan zu sehr im Stress sei.

Im Verhältnis mit den fünf Chefredaktorinnen, die sie bisher erlebt hat, kristallisierte sich immer klarer heraus, dass sie ihre Funktion in starkem Masse als eine komplementäre interpretierte. Während die Nummer eins oft zu sehr schnellem Handeln gezwungen ist, konnte sie sich etwas mehr Zeit nehmen, zusätzliche Informationen beschaffen und sorgfältiger analysieren.

Es gibt Leute, die sie »den Fels in der Brandung« nannten. Andere sprachen von der »grauen Eminenz« oder der »Seele der Redaktion«. Martina Monti verglich sich am liebsten mit einer Innenministerin und hatte den Anspruch, für ihre Kolleginnen da zu sein. Sie habe keinerlei Berührungsangst mit dem Begriff einer »Dienstleisterin«. Im Gegenteil: »Bei der ›Annabelle‹ verstand ich mich ausdrücklich als solche, ohne deshalb gleich zum ›Gutmenschen‹ zu werden.« Sie schätzte es, auf diese Art gebraucht zu werden und ihren Beitrag zum Gelingen des gemeinsamen Produkts leisten zu können. Man durfte sie übrigens auch »Mädchen für alles« nennen. »Wo ist das Problem?«

So viel Pragmatismus an zweithöchster Stelle ist ein Glücksfall für eine Redaktion. Dass Monti sich so wohlfühlte in ihrer Funktion, hatte auch damit zu tun, dass diese ihr erlaubte, ihre spezifischen Eignungen zur Geltung zu bringen: Sie sei sehr flexibel, sagt sie, und könne sich über neue Situationen, von denen es bei der »Annabelle« viele gebe, schnell einen Überblick verschaffen und angemessen reagieren. Dazu sei sie eine klassische Generalistin, die sich für »unglaublich viel interessiert« und keinen Weg scheue, um etwas Neues, Unbekanntes in Erfahrung zu bringen.

Martina Monti hat aber auch zwei grosse Leidenschaften: die Sprache und die Tiere. Beide konnte sie bei der »Annabelle« ausleben, die erste als Textchefin, die zweite als Bloggerin. Als Textchefin habe sie eine klar umrissene, geradezu technische Arbeit verrichtet, die sie sich niemals hätte nehmen lassen: »Das ist das Wirkungsfeld, auf dem ich gut bin und meine Kernkompetenz umsetzen kann.« Ihr nach wie vor erscheinender Tierschutz-Blog sei »eine Herzensangelegenheit, die mich erdet und mir viel Befriedigung verschafft«.

Beide Interessen begleiten sie von Kindesbeinen an. Sie glaube, sie habe früher lesen als laufen gelernt, schmunzelt sie. Zum Geburtstag gab es jeweils »eine Wagenladung Bücher – egal welche, meine Eltern wussten, ich lese alles«.

Sprache ist für Martina Monti ein »wunderschönes Handwerksmittel, mit dem ich mich kreativ und nuancenreich ausdrücken kann und das mir seit jeher erlaubt hat, mit andern Menschen in Kontakt zu treten und meine Bedürfnisse wirkungsvoll zu vertreten«. Kein Wunder, hat sie mit Amerikanistik und Anglistik ein Sprachstudium abgeschlossen und nachher in nahezu allen Bereichen gearbeitet, in denen Wörter und Texte im Zentrum stehen: Werbung, Public Relations, Schule, Journalismus.

Ein Hund – manchmal waren es auch zwei – gehörte zur »Grundausstattung« in ihrer Familie. Sie war ein Einzelkind, das in einem Grossfamilienhaus mit Grosseltern, Eltern und einer Grosstante, jedoch ohne Gleichaltrige aufwuchs, und seine vierbeinigen Freunde nicht zuletzt deshalb über alles liebte. In ihrem Grossvater mütterlicherseits hatte die kleine Martina einen »Tiernarren« an ihrer Seite, der ihr kranke Igel,

Rebhuhnküken und weisse Mäuse zur Pflege mit nach Hause brachte.

Heute wohnt sie mit einem fünfjährigen Rottweiler-Rüden namens Basi und ihrem Lebenspartner Thomas zusammen, der den grossen Hund nach anfänglichen Berührungsängsten inzwischen auch ins Herz geschlossen hat. Einen Teil der Wochenenden verbringt sie seit knapp zehn Jahren in einem Tierheim, wo sie »die dreckige, handwerkliche und sehr unmittelbare Arbeit« schätzt: »Es gibt nichts Schöneres«, strahlt sie, »als einem Hund in einem Heim meine Zeit und Aufmerksamkeit zu schenken.« Das sei eine andere Welt als jene, in der die »Annabelle« angesiedelt sei: »Ich brauche Abwechslung, um rundherum glücklich zu sein.«

Wäre sie Chefredaktorin der Modezeitschrift geworden, hätten ausschliesslich Aufgaben im Vordergrund gestanden, die ihrem eher introvertierten Wesen weniger entsprochen und ihr kaum noch Zeit für die Arbeit an Texten und den Austausch mit ihren Kolleginnen gelassen hätten. Repräsentationspflichten, Besuche von Galas, Veranstaltungen und Modeschauen hätten ihren Alltag geprägt.

Doch Small Talk an einer Party machen zu müssen, ist immer wieder eine Herausforderung für sie. So überlegte sie sich im Vorfeld einer Veranstaltung drei, vier aktuelle Themen, mit denen sie das Geplauder am Stehtisch überstand. Ginge es nach ihr, könnte man die ganze Zeit über Tierschutzfragen diskutieren – »aber das interessiert verständlicherweise nicht jeden«. Sie sei nun mal schüchtern, »und daran ändert auch die Tatsache nichts, dass ich im vertrauten Kreis eine grosse Klappe habe«. Darum sei es auch viel sinnvoller gewesen, dass sie als »Innenministerin« der »Annabelle« im Haus zum Rechten geschaut und ihrer Vorgesetzten das Rampenlicht überlassen habe.

Aber das Geld? Hat sie das Chefredaktorinnen-Gehalt denn gar nicht gereizt? Sie schüttelt den Kopf: »Ich bin ein bescheidener Mensch. Mir reicht die Gewissheit, im Alter finanziell gut abgesichert zu sein.« Ihr Auto beispielsweise sei uralt, aber es fahre noch und nehme den Transport eines total verdreckten Hundes nicht übel: »Wozu also soll ich ein neues kaufen?« Nützlich, ja wertvoll sei Geld sicher als Ausdruck von Anerkennung, was ja oft auch die wahre Bedeutung einer Lohnerhöhung ausmache. Sie selber hat das Gegenteil erlebt und eine beträchtliche Lohnkürzung bei gleichbleibendem Pflichtenheft hinnehmen müssen. Sie weiss also um die Brisanz des Themas. »Dabei ging es nicht ums Geld an sich«, betont Martina Monti, »sondern um das Gefühl mangelnder Wertschätzung.«

Als Chefredaktorin wären ihr immerhin Status, Prestige und Renommee sicher gewesen. Ihr Name wäre viel bekannter geworden, ihr Gesicht vielen vertraut. Sie winkt ab: »Mit all dem kann ich wenig anfangen. Ich suche weder die Scheinwerfer der Öffentlichkeit, noch brauche ich einen speziellen Status oder grossen Titel. Ich staune aber immer wieder, mit welcher Zielgerichtetheit Männer, aber auch einzelne Frauen auf entsprechende Jobs losgehen, ohne sich zu fragen, ob sie ihnen gewachsen sind oder nicht.«

Was sie hingegen nicht hätte missen wollen, sei die diskrete Macht, als Nummer zwei mitgestalten und Einfluss nehmen zu können. Es sei attraktiv, gut Bescheid zu wissen, sagt sie. Sie würde sogar behaupten, dass man als Nummer zwei manchmal mehr wisse als die eigenen Vorgesetzten. »Bei der ›Annabelle‹ hatte ich eine typische ›Sandwich-Funktion‹: Wichtige Informationen von oben habe ich früh erfahren und Neuigkeiten vonseiten der Redaktion oft als Erste und manchmal sogar als Einzige gehört.«

Damit sei aber auch eine der grossen Herausforderungen ihres Jobs verbunden gewesen. Sie zieht die Stirn kraus und lässt sich für ihre Antwort ungewohnt lange Zeit. Es habe manchmal Situationen gegeben, in denen sie von einer Kollegin eine vertrauliche Information erhalten habe, die ihr wirklich Bauchweh bereitete, weil sie vielleicht ein redaktionelles Problem berührte, das hätte geklärt werden müssen. In so einer Situation gerate man schnell in ein Dilemma: Nochmals mit der Frau reden? Gegenüber der Chefin eine Andeutung machen, ohne die Kollegin zu kompromittieren?

Loyalität sei eines der zentralen Themen, mit denen eine Nummer zwei souverän umgehen müsse. Natürlich sei es ein »must«, dass man zuallererst dem oder der Vorgesetzten loyal begegne. Das habe sie auch bei der »Annabelle« so im Team kommuniziert: »Die Redaktion kannte meine Prioritäten.« Das hiess aber keineswegs, dass sie zur »Infoquelle für die Nummer eins« geworden sei, was sie gegenüber dieser auch klar zum Ausdruck gebracht habe. Das sei nicht immer einfach gewesen und erfordere »je nach Naturell der Chefin eine durchaus robuste Immunität gegenüber Vereinnahmungsversuchen«.

Schliesslich fühlte sie sich auch dem Team verpflichtet. Das klingt nach einem Balanceakt. »Es war manchmal einer«, räumt sie ein, »und ich bin froh, dass ich immer die richtigen Entscheide getroffen habe.« Es gebe nichts Schlimmeres als eine Nummer zwei, deren Integrität angezweifelt werde: »Horror!« Sie schüttelt sich.

Was sich allerdings genauso verheerend ausgewirkt hätte, wäre Misstrauen zwischen ihr und ihrer Chefin gewesen: »Wir mussten keine Freundinnen fürs Leben sein«, sagt sie, »aber es durfte auch nicht der leiseste Verdacht aufkommen, dass ich an ihrem Stuhl gesägt hätte und sie beerben wollte.« Sie sei, wie gesagt, frei von Ambitionen dieser Art. Ob das gut sei oder schlecht, halte sie für zweitrangig. Wichtig aber sei, dass sie über eine sehr grosse Klarheit verfüge, was sie in ihrem beruflichen Leben wolle und brauche: »Der Job der ›Annabelle‹-Chefredaktorin war es definitiv nicht. Was jetzt ansteht, ist der Aufbruch in die Selbständigkeit.«

Im Männerland

Seit 45 Jahren wird die Zürcher Elektrofirma Kowner von Frauen geführt, zuerst von Wera Kowner, der ersten Elektroingenieurin der Schweiz, dann von ihrer Tochter Regula Hotz. Beide haben sich in einer ausgesprochenen Männerdomäne behauptet.

Das Unternehmen Kowner existiert seit 1913, also seit mehr als hundert Jahren. Gründer war Jakob Kowner, ein gebürtiger Russe. Als Gymnasiast sass er 1905 im Polizeigefängnis der Provinzstadt Gomel, weil er gegen den Zaren demonstriert und revolutionäre Flugblätter verteilt hatte. Seinem Vater gelang es, den Sohn freizubekommen und ausser Landes zu bringen. In der Schweiz liess sich Jakob Kowner zum Ingenieur ausbilden. Die Zürcher Gemeinde Egg bürgerte ihn 1916 wegen seiner Verdienste »unter Erlass der Gebühren« ein, nachdem er sie »elektrifiziert« hatte. In späteren Jahren plante und erstellte die Firma Jakob Kowner unter anderem die elektrischen Anlagen für die Tramlinie nach Oerlikon. Nach dem Zweiten Weltkrieg wuchs der Betrieb schnell, als er beim Bau des Zürcher Flughafens bedeutende Aufträge ausführen konnte.

Jakob Kowner hatte fünf Kinder. Weil seine Lieblingstochter Wera, 1939 geboren, im Gymnasium gut in Mathematik und Physik war, hoffte Jakob Kowner schon früh, sie werde eines Tages in der Firma seine Nachfolge antreten. »Das kannst du!«, machte er ihr Mut – und erzog sie mit Zuckerbrot und Peitsche. Brachte sie einmal schlechte Noten nach Hause, reagierte er ungnädig und bemerkte sarkastisch: »Willst du Coiffeuse werden?« Seine fordernde Art habe sie sehr motiviert, erzählt Wera Kowner.

Und so begann sie als Neunzehnjährige, Elektrotechnik zu studieren, obwohl ihr Deutschlehrer am Gymnasium tief geseufzt und betrübt bemerkt hatte: »Was macht auch die Wera mit ihren blonden Locken am Poly? Das geht doch nicht!« Der Vater jedoch sei »unglaublich stolz« auf sie gewesen und habe es grossartig gefunden, wie sie seinem Leitspruch nachlebte: »Was du im Kopf hast, kann dir keiner nehmen.«

Wera Kowner war die erste Frau, die am Eidgenössischen Polytechnikum in Zürich, der heutigen ETH, im Fach Elektrotechnik abschloss. Ihre Kommilitonen, rund 200 junge Männer, brauchten eine gewisse Zeit, um sich an die neue Gesellschaft zu gewöhnen. Wenn sie in die Vorlesungen gekommen sei, hätten die Herren jeweils mit den Fäusten aufs Pult getrommelt oder mit den Füssen gestampft, erinnert sie sich. Habe sie sich verspätet, sei das »Theater« noch viel grösser gewesen.

Einer der Professoren begrüsste das Plenum eine Zeit lang grinsend mit den Worten »Meine Dame, meine Herren«, bis er sich eines Tages selber zurückband: »Jetzt reichts! Sonst kommen die Leute noch auf komische Gedanken!« Im Fach Konstruktion fühlte sich der Professor speziell herausgefordert von seiner ersten Studentin. Welche Prüfungsaufgabe sollte er einer Frau auch stellen? Schliesslich liess er sie einen Kinderwagen bauen. Die junge Wera nahm die Aufgabe kommentarlos entgegen und machte, was ihr aufgetragen wurde;

sie wollte nur eins: ihr Diplom, das ihr 1965 ausgehändigt wurde.

Anschliessend sammelte sie erste berufliche Erfahrungen in einem Ingenieurbüro in New York. Als ihr Vater eineinhalb Jahre später gesundheitliche Probleme bekam, kehrte sie nach Zürich zurück und trat in das Familienunternehmen ein. Vater und Tochter arbeiteten drei Jahre lang zusammen. Er führte mit über achtzig Jahren den Betrieb noch immer selbst und vertrat die Ansicht, eine Frau gehöre ins Büro, aber nicht auf den Bau. So war Wera Kowner zwar mit dem Geschäft als solchem, nicht aber mit den handwerklichen Aufgaben auf den Baustellen vertraut, als ihr Vater mit 84 Jahren starb. In seinem Testament sah er ausdrücklich keine Erbteilung vor, sondern hielt fest, dass der Mutter und den fünf Kindern alles zu gleichen Teilen gehören sollte.

So stand Wera als einzig dafür Qualifizierte mit 31 Jahren plötzlich allein an der Spitze der Firma. Bar jeglicher Führungserfahrung und ohne jedes Netzwerk, übernahm sie den reinen Männerbetrieb. »Es war ein Kampf, der mir einiges an Hartnäckigkeit abverlangte«, erinnert sie sich.

Ein Plus sei ihr Ingenieurtitel gewesen, der ihr im Geschäft viel Respekt, ja Ehrfurcht eintragen habe. Damit verbunden war ihr fachliches Verständnis, das schnell wuchs, »nicht zuletzt auch dank den Mitarbeitern, die Mehrheit von ihnen Elektriker, die mir halfen, wann immer es nötig war«. Sie sei froh gewesen um jede Unterstützung und habe keinen Gedanken darauf verschwendet, ob sie sich als Vorgesetzte in solchen Situationen wohl eine Blösse gebe. Deutlich schwieriger sei es gewesen, wenn sie einen Mitarbeiter kritisieren musste: »Dass eine Frau ihre Arbeit qualifizierte und sie bei Bedarf auch zurechtwies, war eine völlig neue Erfahrung für diese Männer.« Bei der Erfüllung dieser teils widersprüchlichen Anforderungen habe sie von ihrer unkomplizierten und pragmatischen Wesensart profitiert.

Genauso praktisch verhielt sie sich auch, als sie mit 34 ihr erstes Kind bekam. Über ihre Schwangerschaft verlor sie im Geschäft kein Wort, das sei damals so gewesen, über Privates habe man im Betrieb nicht gesprochen. Musste sie ihr Kind stillen, zog sie sich für einige Minuten zurück und legte den Säugling an die Brust. Nach dem Stillen arbeitete Wera Kowner weiter. Ihr Mann, ein Anwalt mit eigener Kanzlei, brachte das Baby jeweils vorbei. Er verfügte über genügend zeitliche Flexibilität und Aufgeschlossenheit.

Dieses Prozedere wiederholte sich von da an alle zwei Jahre, bis die Familie mit fünf Töchtern und einem Sohn vollständig war. Für ihren Mann, Sohn eines Ärzte-Ehepaars, sei das Engagement selbstverständlich gewesen. Er habe sie stark unterstützt und ihr sogar geraten, Mandate in Kommissionen und Verbänden zu übernehmen: »Am besten immer grad das Präsidium.«

So wurde sie Vorstandsmitglied der Schweizerischen Akademie der Technischen Wissenschaften (SATW), Präsidentin der Sektion Zürich des Schweizerischen Ingenieur- und Architektenvereins (SIA) sowie Delegierte der Gesellschaft der ehemaligen Polytechniker und Revisorin bei der ETH-Alumni-Vereinigung.

Wera Kowner war schon früh klar, dass ihre dritte Tochter Regula eines Tages in verantwortlicher Position in die Firma eintreten würde. Genauso technikbegeistert wie ihre Mutter, hatte auch sie mit dem Studium der Elektrotechnik an der ETH begonnen. Zu ihrer Zeit war sie nicht mehr die einzige Kommilitonin, sondern eine von immerhin vier Studentinnen neben 250 Männern. Nach den ersten Prüfungen realisierte sie indes, »dass mich der Stoff nicht wirklich interessierte und auch ein Stück weit überforderte«. So wechselte sie zu den Lebensmittelingenieuren, was sich als goldrichtig erwies; es behagte ihr, in einem Umfeld zu studieren, in dem Frauen und Männer gleich stark vertreten waren. Ihren Studienabschluss schaffte sie in Minimalzeit.

Auch ihr war klar, dass sie eines Tages die Nachfolge ihrer Mutter antreten würde, auch wenn diese ihren Wunsch nie direkt ausgesprochen hatte. Zunächst wollte sie aber eigene Erfahrungen sammeln, um sich zu vergewissern, dass der vorgespurte Weg auch der richtige für sie sei. So ging sie nach dem Studium zu Coca-Cola. »Raus aus den gewohnten Bahnen, rein in eine internationale Grossfirma«, lautete ihre Devise. Während knapp drei Jahren habe sie sich dort viel praktisches und strategisches Wissen angeeignet, erzählt sie. Sie durchlief nicht nur verschiedene Abteilungen wie die Planung Rohmaterial, den Einkauf und die Innovation, sondern verbrachte auch ein halbes Jahr in Wien, wo sie unter anderem verschiedene Management-Seminare zu Verhandlungstechnik, Sitzungsleitung und Personalführung besuchen konnte. Zurück in der Schweiz, bekleidete sie eine Führungsposition, in der sie dafür verantwortlich war, den Hauslieferdienst für Valser-Wasser auch in grösseren Städten wie Zürich, Bern, Genf und Lausanne einzuführen.

Als ihr Vater sie dann eines Tages drängte, ins Familienunternehmen einzusteigen, um die inzwischen 73-jährige Mutter zu entlasten, kündigte sie ihren Job bei Coca-Cola und nahm als stellvertretende Geschäftsleiterin die Arbeit in der Jakob Kowner AG auf.

Anders als damals ihre Mutter, brachte sie eine gewisse Führungserfahrung mit, bekam aber gleichwohl zu spüren, dass eine Frau an der Spitze eines technischen Dienstleistungsunternehmens nach wie vor eine Exotin ist: »Viele meinten zu

Beginn, dass die Firma mein Hobby sei, und nahmen mich nicht ganz ernst.«

Dass man sie unterschätzte, motivierte die 39-Jährige erst recht, die Aufgabe anzupacken. Diesen Charakterzug hatte sie schon als Gymnasiastin gezeigt, als der Physiklehrer ihr davon abriet, an der ETH zu studieren, weil das viel zu anspruchsvoll sei. Oder als Teenager, als sie zur Überraschung ihrer Umgebung beschloss, Baustellenerfahrung zu sammeln. Sie wollte einfach wissen, was auf dem Bau abgeht und wie es sich anfühlt, mit der Bohrmaschine Betonwände aufzuspitzen, damit man Schalter setzen kann.

Warum sie so gehandelt habe? Sie zuckt mit den Achseln. Das müsse in ihren Genen liegen. Sie sei schon immer ein Wildfang gewesen, der am liebsten Rollbrett gefahren sei, Fussball gespielt habe und mit seiner Gang nachts über die Dächer gestiegen sei: »Ich hatte nur Buben als Freunde«, erzählt sie, »und war wohl selber auch eine Art Bub.« Der Umgang mit Männern falle ihr nicht schwer, im Gegenteil: »Ich fühle mich generell sehr wohl in der Gegenwart von Kollegen und schätze deren Direktheit.«

Beim US-Getränkekonzern hatte sie eine Erfahrung gemacht, die ihr bei der Kowner AG besonders zugutekommen sollte: »Wer nicht voll mitzieht, wird bei Coca-Cola ohne grosse Diskussionen entlassen«, erzählt sie. Der international ausgerichtete Konzern vermittle den Betreffenden äusserst schnell, »dass jeder ersetzbar ist«. In dieser kompetitiven Umgebung habe sie sich eine gewisse Härte, ja vielleicht sogar Kälte angeeignet. Als sie in die elterliche Firma eintrat, musste sich das KMU mit seinen fünf Niederlassungen in einem harten Konkurrenzkampf behaupten, der durch einen rasanten technischen Wandel im Elektro- und Telematikbereich geprägt war.

Regula Hotz stellte in dieser überlebenswichtigen Phase fest, dass es einzelne Mitarbeiter gab, welche die altersbedingte Milde ihrer Mutter ausnutzten. »Darauf bin ich allergisch«, konstatiert sie knapp, »das liegt bei uns nicht drin.« So führte sie mit der Übernahme der Leitungsfunktion Gespräche mit den betreffenden Angestellten, in denen sie ihnen »hart, aber fair« vermittelte, dass sie nur Leute wolle, die wirklich mitziehen: »Wer kein klares Bekenntnis zu unseren Arbeitsbedingungen und Zielsetzungen ablegen mochte, musste gehen! Die Kündigungsschreiben hatte ich schon bereit«, fasst sie zusammen.

Das waren neue Töne in der Familienfirma, denn Wera Kowner hatte es wenn immer möglich vermieden, Mitarbeiter zu entlassen. Die wirtschaftlichen Umstände hatten es ihr stets erlaubt, die stark schwankenden Personalbestände von bis zu 200 Leuten über natürliche Fluktuationen anzupassen.

Heute beschäftigt die Jakob Kowner AG rund achtzig Mitarbeitende, abgesehen vom Sekretariatspersonal alles Männer. Regula Hotz hat sich inzwischen das Team zusammengestellt, mit dem sie gut zusammenarbeitet. Ähnlich wie ihre Mutter, macht sie die Erfahrung, dass Männer ihr helfen, wo sie nur können. Kunden geben ihr nicht nur Aufträge, weil sie die Qualitätsarbeit schätzen, sondern auch deshalb, weil sie es toll finden, dass eine Frau ein reines Technikunternehmen leitet, und sie unterstützen wollen.

Ihren Mitarbeitern beggene sie mit der genau gleichen Offenheit wie ihre Mutter und bitte sie bei Bedarf um Hilfe, ohne dass ihr ein Zacken aus der Krone falle: »So realisieren sie, dass ich auf sie setze, und fühlen sich stärker mitverantwortlich; gleichzeitig wissen sie aber auch, dass ich diejenige bin, die den Betrieb führt und ihnen den Rücken stärkt, wenn es nötig ist.« Dabei müsse sie hellwach sein, die richtigen Fragen stellen und schnell auf den Punkt kommen: »Nur dann werde ich respektiert.«

Dieser Balanceakt sei anspruchsvoll und entscheidend. Von seinem Gelingen hänge alles ab. Dann sei es überhaupt kein Problem, dass sie eine Frau sei, und zwar eine, die hundertprozentig als Frau auftrete und nicht etwa probiere, männlicher als jeder Mann zu sein. Dann komme sie auch klar mit Branchenanlässen wie Kongressen und Tagungen, an denen sie als einzige Frau regelmässig für eine Sekretärin, Telefonistin oder Serviertochter gehalten werde. Sie grinst: »Wenn mich ein Mann anspricht, er hätte gern noch ein Glas Wein, erwidere ich jeweils: ›Ja, ich auch.‹« Ausdruck ihres Sonderstatus sei aber auch, dass sie als Frau ganz besonders umworben sei. Jedes Unternehmen wünsche sich seine Vorzeige-Verwaltungsrätin, jeder Verein ein weibliches Vorstandsmitglied, um zu beweisen, wie aufgeschlossen er sei.

Inzwischen mache ihr die Geschäftsführung richtig Spass; sie habe ihren Stil gefunden. Das sei auch nötig, weil sie immer wieder schwierige Situationen zu bewältigen habe. Der Markt sei hart umkämpft, der Preisdruck enorm und die Schwierigkeit beträchtlich, gute Leute zu rekrutieren, dabei sei das Personal für sie als reines Dienstleistungsunternehmen das Wichtigste. Als die fünfköpfige Telematik-Abteilung kollektiv kündigte, weil deren Leiter eine Herausforderung suchte, die den Rahmen eines KMU sprengte, war sie für kurze Zeit geschockt. Frauen für solche Posten zu finden, ja selbst für den Kundendienst oder den Service, sei ein Ding der Unmöglichkeit: »Ich habe noch keine einzige Bewerbung von einer Frau bekommen, dabei befinden wir uns mit der Telematik und Elektrik in einem Bereich, der sich auf faszinierende Art weiterentwickelt und viel Köpfchen verlangt.« Die Berufsberatungsstellen müssten viel mehr Anstrengungen unternehmen, das Interesse junger Frauen an der technischen Branche zu wecken.

Wera Kowner als sechsfache Mutter und Regula Hotz mit ihren zwei kleinen Kindern haben es zusammen seit 45 Jahren geschafft, sich beruflich in einer ausgesprochenen Männerwelt zu behaupten. Die Mutter war in den Siebzigerjahren mangels Krippen und Horten auf private Kindermädchen angewiesen, die bei der Familie wohnten. Ausserdem sprangen ihre eigene Mutter, ihre Tante und Gotte ein, wenn sie bei der Betreuung ihres sechsköpfigen Nachwuchses an Grenzen stiess.

Regula Hotz hat ihre Kindheit in guter Erinnerung: »Wir Geschwister haben nie darauf gewartet, dass unsere Mutter nach Hause kommt«, erzählt sie, »sondern fanden es cool, dass sie morgens jeweils in die Firma gegangen ist.« Dazu seien beide Eltern dann, wenn sie daheim waren, zu hundert Prozent präsent gewesen: »An den Wochenenden haben sie mit uns Ausflüge gemacht, in den Schulferien sind sie mit uns weggefahren, und unter der Woche war stets jemand da, wenn wir etwas brauchten.«

Regula Hotz muss sich anders organisieren. Sie arbeite an fünf Tagen pro Woche von neun bis halb sechs Uhr, »nicht weniger und nicht länger«, hält sie dezidiert fest. Da sie die beiden Kleinen abends aus der Krippe holen müsse, sei ihr eine Deadline gesetzt, die sie nicht hinausschieben könne und die ihren Rhythmus stark präge: »Ich arbeite sehr schnell, bin produktiv und habe Leute angestellt, die selbständig sind und in meiner Abwesenheit weiterarbeiten können.« Im Grunde funktioniere sie ähnlich wie viele alleinerziehende Mütter, denen ja nachgesagt werde, dass sie so effizient seien wie niemand sonst, weil sie für ihren Job nur limitierte Zeit zur Verfügung hätten. Ihr Mann habe als Manager eines internationalen Unternehmens wenig freie Zeit, vor allem mangle es ihm an der für die Betreuung von Kindern nötigen Flexibilität. Sie habe schon oft darunter gelitten, dass der Haushalt und die Erziehung an ihr hängen blieben. Wenn ihre Familie, vor allem ihre Mutter, nicht wäre, hätte sie den Spagat zwischen Beruf und Privatleben nicht hingekriegt.

Die Mutter hat in der Firma nach wie vor ihr eigenes Büro, kümmert sich um einen Teil der Buchhaltung, zieht wiederholt Aufträge an Land oder berät ihre Tochter, beispielsweise bei Personalentscheiden. Machtkämpfe, betonen beide, gebe es zwischen ihnen keine. Wera Kowner sagt:»Regula hatte nie das Bedürfnis, sich von mir abzugrenzen. Dazu ist sie sich ihrer Sache viel zu sicher.« Diese ergänzt:»Meiner Mutter ist es stets leichtgefallen, mir die Leitung des Unternehmens zu überlassen.« Sie glaube sowieso, dass Frauen weniger machtversessen seien als Männer, und daher auch eine Stabübergabe von der Mutter zur Tochter einfacher vonstattengehe als jene von einem Vater zum Sohn. Sie zögert und ergänzt:»Das behaupte ich jetzt einfach mal und bin mir bewusst, dass es Ausnahmen gibt.«

Irgendwann steht die Erbteilung unter den sechs Kowner-Kindern an. Gegenwärtig gehört die Firma noch Wera Kowner, ihre Tochter Regula besitzt lediglich ein paar wenige Aktien. Natürlich möchte die Mutter, dass alle Kinder gleich, das heisst gerecht, behandelt werden.

Als Inhaberin eines mehr als hundertjährigen Familienbetriebs will sie aber auch, dass er in die Hände derjenigen Nachkommen gelangt, die ein echtes Interesse an seinem Fortbestehen haben. Das wäre dann zunächst Regula, welche die Verantwortung für die Firma in einer heiklen Phase übernommen hatte – gegen den Rat vieler, die ihr zum »Abstossen des verlustträchtigen Objekts« rieten. Sie reagierte, wie sie in solchen Situationen immer reagiert, und sagte sich:»Jetzt erst recht! Denen zeige ich, was in diesem Unternehmen noch drinsteckt.« Gut möglich, dass auch ihr jüngerer Bruder, der zurzeit noch studiert, dereinst in den Familienbetrieb einsteigt. Als Älteste und Erfahrenste will Regula Hotz ihre Führungsrolle aber behalten: »Der letzte Entscheid in Firmendingen muss auch künftig bei mir liegen.«

Die Pionierin

Die St. Galler Unternehmensberaterin Gudrun Sander rät Frauen, auf die eigenen Bedürfnisse zu achten, ihren eigenen Weg zu gehen, auch Neuland zu betreten. Die Diversity-Expertin hat ihr Leben lang Pionierarbeit geleistet.

Gudrun Sander stammt aus einer Familie, in der sich sowohl die Eltern als auch die Grosseltern über manche Konventionen ihrer Zeit hinwegsetzten. Sanders Mutter war erst siebzehn und ihr Vater zwanzig, als sie geboren wurde. Drei Jahre später hatte sie bereits eine kleine Schwester. Gleichwohl schloss die Mutter ihre Ausbildung zur Sekundarlehrerin ab. Ihre beiden Töchter liess sie derweil in der Obhut der Schwiegermutter, die sie später auch drängte, arbeiten zu gehen. Sie habe doch eine so gute Qualifikation. Welcher Pragmatismus! Und welche Unabhängigkeit von den Rollensteretypen im österreichischen 4000-Seelen-Dorf, in dem sie Mitte der Sechzigerjahre lebten.

Sanders Vater war ein moderner Vater. Er wickelte sie, ging einkaufen und spielte mit seinen Töchtern. Als er nach einigen Jahren eine Führungsposition in der Produktion eines grossen Stahlwerkes im Schichtbetrieb annahm, konnte er dank seinen verschobenen Arbeitszeiten einen noch grösseren Teil der Familien- und Hausarbeit übernehmen und war so mehr präsent als die Mutter, die eine leidenschaftliche Lehrerin war. Sie unterrichtete vierzig Lektionen pro Woche, hatte mehrere Nachhilfeschüler und war dadurch mehr von daheim fort als der Vater. Trotzdem hatte sie die Oberhand in der Küche. Die Mutter sei »ungeheuer fleissig« gewesen, erinnert sich Sander, und habe ihr vermittelt, »dass auch eine Frau ehrgeizig sein, Karrierepläne hegen darf und beides haben kann: Familie und Beruf«.

Dazu verfügte sie über Zivilcourage und liess sich von Widerstand nicht bremsen, wenn ihr ein Anliegen wichtig war. So setzte sie in einer erbitterten Auseinandersetzung mit der Schule durch, dass ihre zweite Tochter, eine Linkshänderin, nicht dazu gezwungen wurde, mit rechts zu schreiben. Sie hatte das kleine Mädchen auch ein Jahr später als üblich einschulen lassen, weil sie es für einen »Spätzünder« hielt, der den schützenden Rahmen der Familie noch ein wenig länger brauchte. Die Reaktionen auf ihr eigenmächtiges Vorgehen waren heftig. Gudrun Sander lacht: »Meine Mutter empfand einen Widerwillen dagegen, etwas so zu machen, wie man es schon immer gemacht hatte, wenn sie gute Gründe für eine Änderung sah.« Sie sei immer wieder bereit gewesen, Neues zu wagen, auch wenn das manchmal unbequem und mit Ärger verbunden war.

Das mütterliche Vorbild prägt die kleine Gudrun. Sie war ein selbständiges Mädchen, das am liebsten Mastermind spielte, Quizfragen beantwortete, Bücher in rauen Mengen verschlang und stets Bestnoten nach Hause brachte. Als Klassensprecherin scheute sie sich nicht, eine Führungsrolle und damit Verantwortung zu übernehmen. Sie war fleissig, intelligent und sehr ehrgeizig. Bald war klar, dass sie studieren würde, und zwar Betriebswirtschaft; sie wollte als selbständige

Bilanzbuchhalterin in der Steuerberatung tätig werden. Bildung, das wusste sie von daheim, ist jenes Gut, das Menschen, Männer wie Frauen, unabhängig macht und ihnen die Möglichkeit verschafft, sich einen gewissen Wohlstand zu erarbeiten. »Ich habe es weit bringen wollen«, erzählt sie. Und so sei die Vorstellung, Hausfrau zu werden, für sie keine Option gewesen. Kinder wollte sie allerdings schon.

Sander hat noch weitere Ähnlichkeiten mit ihrer Mutter. So stösst man bei ihr sowohl im Privaten wie im Beruflichen auf Entscheide, die ein genaues Gespür für die eigenen Bedürfnisse erfordern, aber auch den Mut, diesen nachzuleben, selbst wenn man damit Konflikte riskiert. Sie hat sich nie gescheut, Neuland zu betreten.

Die Geschichte vom Ende einer frühen, mehrjährigen Liebe illustriert diesen Charakterzug eindrücklich. Dass die Beziehung zu ihrem Freund in gewisser Hinsicht problematisch war, hatte Sander schon länger gespürt. Die individuellen Wertvorstellungen und Lebenspläne der beiden unterschieden sich in wichtigen Punkten. Für die 25-Jährige war es sonnenklar, dass sie nach ihrem Betriebswirtschaftsstudium voll arbeiten und Karriere machen wollte. Ihr fünf Jahre älterer Partner hingegen wünschte sich eine Lebensgefährtin, die ihm den Rücken freihalten, den Haushalt besorgen und für die Kinder da sein würde. Während ihr ein partnerschaftliches Modell vorschwebte, neigte er zur klassischen Rollenteilung. Er strebte zuallererst nach beruflichem Erfolg, Wohlstand und gesellschaftlichem Status.

Folglich machte sie sich keine Illusionen, was ihr bevorstehen würde, wenn sie sich für diesen Mann entscheiden sollte: »Ich hätte meine beruflichen Ambitionen zurückstellen müssen und wäre fortan ganz in seinem Schatten gestanden.« Gudrun Sander aber wollte ihr Leben eigenständig gestalten, sich mit Themen auseinandersetzen, mit denen sie etwas bewegen, ja am besten die Welt verändern konnte. Früher oder später wollte sie aber auch Kinder. Was tun?

Damals kannten sich die beiden seit fünf Jahren, lebten aber erst sechs Monate zusammen, seit sie von Österreich in die Schweiz übergesiedelt waren. Sander fühlte sich noch unsicher in St. Gallen. Sie zweifelte, ob sie finanziell allein über die Runden kommen würde und ob es in dieser Situation gescheit wäre, sich von einem Mann zu trennen, für den sie noch vor nicht allzu langer Zeit ein Stipendium für ein Auslandjahr in den USA in den Wind geschlagen hatte.

Zu jener Zeit machte sie die Bekanntschaft eines Mannes, der ihr gefiel und der sie sehr interessierte. In Gesprächen stellte sich heraus, dass er ihre Auffassungen weitgehend teilte und sich ebenfalls eine Partnerschaft »auf Augenhöhe« wünschte. Sie verliebte sich in ihn, fragte sich aber auch, ob aus dieser Zufallsbekanntschaft etwas Dauerhaftes werden könnte, das ihr die nötige Sicherheit gab. Sie wagte es und trennte sich von ihrem Freund. »Ich wollte nicht in einer Beziehung hängen bleiben, in der ich meine Karriereambitionen aufgeben und ganz zu Hause bleiben musste.« In dieser Phase der Unsicherheit fand sie eine eigene Wohnung, bekam den Zuschlag für eine Siebzig-Prozent-Assistentenstelle an der HSG und konnte sich bald darauf ihr eigenes Auto leisten. Ihr gestiegenes Selbstbewusstsein gab ihr Energie und Mut für weitere Schritte ins Unbekannte.

Was Gudrun Sander damals vollzog, war ein mutiger, aber auch ein strategischer Entscheid. Sie sagt, sie sei nicht nur ihrem Herzen gefolgt, sondern auch ihrem Verstand und stimme Sheryl Sandberg, der Geschäftsführerin von Facebook, absolut zu, wenn diese meine, dass die wichtigste Karriereentscheidung einer Frau in der Wahl des Lebenspartners liege. »Im

Nachhinein bin ich wirklich stolz auf diese Entscheidung«, ergänzt die inzwischen Fünfzigjährige, »auch wenn die Skepsis in meinem Freundes- und Bekanntenkreis gross war.« Dank dieser Konsequenz sei es ihr gelungen, eine erfolgreiche Karriere, eine Familie mit drei Kindern und eine gute Ehe miteinander zu vereinbaren. Heute betreibt sie mit ihrem Mann Stefan in der St. Galler Altstadt die Beratungsfirma Sander & Sander. Dazu ist sie Direktorin an der Executive School der Universität St. Gallen und am Competence Center for Diversity and Inclusion an der Forschungsstelle für Internationales Management an der HSG. Vor kurzem ernannte die Universität St. Gallen sie zur Titularprofessorin für Betriebswirtschaftslehre mit besonderer Berücksichtigung des Diversity-Managements.

Als sie sich mit 25 Jahren entschied, auf das Leben einer gut situierten Ehegattin zu verzichten und sich der Berufswelt auszusetzen, machte Sander eine Menge positiver, aber auch negativer Erfahrungen. Die Berliner Mauer war gerade gefallen, in Europa herrschte Aufbruchstimmung, vieles schien möglich, was vorher undenkbar gewesen war. Von Österreich war sie sich eine stattliche Frauenpräsenz an den Universitäten gewohnt. In Linz, wo sie BWL mit den Vertiefungsrichtungen Marketing und Organisation studiert hatte, betrug der Frauenanteil rund vierzig Prozent. Umso grösser war der Schock in der Schweiz: »An der HSG gab es fast keine Frauen unter den Studenten und Professoren, im Doktorandenseminar Controlling war ich die einzige Frau, und in der Luft hing die selbstverständliche Erwartung, dass eine Frau, die Kinder bekommt, zu Hause bleibt oder höchstens noch ein Ehrenamt bekleidet.«

Wenn sie in jenen Jahren mit Schweizerinnen diskutiert habe, die promoviert hatten, sei sie erschrocken, »mit welcher

Selbstverständlichkeit selbst diese gut qualifizierten Frauen diesem Mütterideal folgten«. Das Frauenbild, das sich ihr in den Modeheften beim Coiffeur oder Zahnarzt bot, schockierte sie. »Sorry to say«, ergänzt sie, »in der Schweiz war und ist die Stellung der Frau weniger vorteilhaft als in Ländern wie Norwegen, Schweden, Frankreich, Holland oder Grossbritannien.« Mehr als anderswo müssten Frauen hier nach wie vor den Balanceakt zwischen der vordergründig erwünschten Durchsetzungskraft und dem immer noch vorherrschenden Idealbild der bescheidenen und unterwürfigen Gattin hinkriegen.

Sander ging unbeirrbar ihren Weg. Die Gleichstellungsthemen begannen sie mehr und mehr zu interessieren. Sie trug selber zwar keine lila Latzhosen, sondern nach wie vor elegante Kostüme und galt an der HSG als »charmante Österreicherin«. Umso irritierter reagierten einzelne Professoren, als sie feststellten, wie energisch die junge Dame zusehends auftrat.

Sie gründete den Diskussionskreis »Frau und Wissenschaft«, in dem feministische Texte gelesen und diskutiert wurden. Als sie die Publikation des Zirkels im Vorlesungsverzeichnis der HSG verlangte, lehnten die Verantwortlichen mit der fadenscheinigen Begründung ab, dabei handle es sich um ein interdisziplinäres Angebot, welches nicht ins Verzeichnis passe, da dieses strikt nach Disziplinen geordnet sei. Sander sagt: »Solche Situationen waren typisch für mich und stachelten mich an.« Sie gab keine Ruhe, bis eine Jura-Professorin den Lesezirkel unter ihre Fittiche nahm und ihn im Rahmen ihres Fachs im Vorlesungsverzeichnis unterbrachte. Interdisziplinär, grinst Sander, sei er deshalb immer noch gewesen.

Parallel initiierte sie die Studentinnenorganisation Forum Frau und Management. Dieses führte viel beachtete Tagungen mit prominenten Referentinnen wie der deutschen Politikerin

Rita Süssmuth durch. »So habe ich die HSG mit ihrer Männerkultur natürlich herausgefordert«, erinnert sich Sander. Als Dissertationsthema wählte sie »Neue Verständnisse von Gleichstellung und Management«. Sie muss heute noch lachen, wenn sie daran denkt, wie »total exotisch und randständig dieses Thema vor rund zwanzig Jahren an der HSG gewirkt haben muss«. Aber sie sei schon immer fasziniert gewesen von Pionierprojekten, mit denen sie ihrer Zeit weit voraus war: »Neues zu erkunden, hat mich immer besonders animiert.« In Peter Dachler fand sie sogar einen Doktorvater, der sich bereit erklärte, mit ihr diesen Weg in unbekanntem Gelände zu gehen.

Dabei tappte sie, typisch Frau, wieder einmal in die Leistungsfalle. Das gewählte Forschungsgebiet war riesig, »dazu für mich komplett unbekannt«. Sie vertiefte sich in die Grundlagen der Wissenschaftstheorie und Philosophie, bevor sie es wagte, die erste Zeile zu Papier zu bringen. Sie verfolgte die Konstruktivismus-Debatte, was ihr half, die Entstehung von Geschlechterrollen besser zu verstehen. Darüber hinaus las sie zu Frauen und Religion, Frauen und Psychologie, Frauen und Politik alles, was sie in die Hände bekam. Sander brauchte viel mehr Zeit bis zur Promovierung als die meisten ihrer männlichen Kommilitonen. Rückblickend sagt sie, sie wäre wohl viel schneller gewesen, wenn sie ihre Diplomarbeit aus dem Bereich Marktforschung – eine Untersuchung der finanziellen Situation des Linzer Stadttheaters – ausgeweitet und auf das Stadttheater St. Gallen übertragen hätte.

Dazu sei ihr Doktorvater anspruchsvoll gewesen und habe wahnsinnig viel verlangt. Sander war gezwungen, alles zu geben, setzte sich aber letztlich durch. Im Nachhinein wertet sie diese Erfahrung durchaus positiv: »Den Lohn für diese jahrelange Plackerei auf einem Pioniergebiet ernte ich heute noch.«

Ihren guten Ruf als national bekannte Gender- und Diversity-Expertin verdanke sie der Basis, die sie sich damals erarbeitet habe.

Ausgerechnet zum Zeitpunkt, als sie an ihrer Dissertation zu schreiben begann, wurde sie zum ersten Mal Mutter. Nun war der »Tag der Wahrheit« gekommen. Stefan Sander stand zu seinem Wort und blieb einen Tag pro Woche daheim, bis sich herausstellte, dass seine Frau mehr freie Zeit am Stück zum Schreiben brauchte. In der Folge organisierte der Unternehmensberater seine beruflichen Verpflichtungen so, dass er sich jeweils eine ganze Woche pro Monat frei halten konnte.

Diese Erfahrung gab Sander zu denken und machte ihr klar, wie schlecht es um die Kinderbetreuung in der Stadt bestellt war. Dass sie als österreichisch-deutsches Paar, das fernab der Heimat lebte, weder mit der Hilfe von Grosseltern und Eltern noch derjenigen von Tanten oder Onkeln rechnen konnten, verschärfte ihre Lage. So begann Sander mit dem Gedanken zu spielen, selbst eine so dringend notwendige Krippe an der HSG ins Leben zu rufen; an allen anderen Universitäten hierzulande gab es ja bereits welche.

Just in dem Augenblick sprach die HSG sie an und fragte, ob sie bereit wäre, eine Kindertagesstätte zu eröffnen. Sie schmunzelt: »Ich war ja hinlänglich bekannt für meine Frauenaktivitäten.« Animiert von ihrer persönlichen Situation, aber auch im Wissen, damit einer breiteren Allgemeinheit einen Dienst zu erweisen, sagte sie zu und legte los. Ganz gemäss Management-Lehre mit einer Umfrage, einer Bedarfsanalyse, der Evaluation von Konkurrenzangeboten und der Planung des eigenen Angebots.

Das Ergebnis? Sander entwickelte ein völlig neues Konzept. Passend zu den Bedürfnissen junger, einkommensschwacher Studierender und gut verdienender HSG-Angestellter gründete sie eine flexible Teilzeit-Kinderkrippe; anstelle von salärabhängigen Tarifen führte sie Einheitstarife ein, die in Form von Pauschalen zu Beginn jeden Monats überwiesen werden mussten. Das Resultat gab ihr recht: die 25 Plätze waren innerhalb von drei Monaten besetzt; eineinhalb Jahre später mussten zwei zusätzliche Gruppen eröffnet werden, inzwischen gibt es sogar eine zweite Krippe an der HSG. Sander war jahrelang als Finanzchefin tätig und sah, wie wertvoll ihr Angebot insbesondere auch für jene Männer und Frauen war, die studierten und keine eigenen Einkünfte hatten. Sie mussten im Gründungsjahr 1996 gerade einmal 24 Franken pro Kind und Tag bezahlen.

Die Erfahrung, wie machtvoll Geld ist, hatte Sander am eigenen Leib gemacht. Weil sie selber noch nichts verdiente, war sie auf das Einkommen ihres Mannes angewiesen. Das war eine Situation, mit der sie nur schlecht zurechtkam. So hasste sie es beispielsweise, ihm ein Geburtstagsgeschenk mit jenem Geld zu kaufen, das er verdient hatte: »Das fand ich entwürdigend.« Abhilfe schuf der psychologische Kunstgriff, ihr fortan regelmässig einen bestimmten Betrag aufs Konto zu überweisen, um zumindest den Anschein eigener Einkünfte zu erwecken. Stefan Sander erfüllte ihr diesen Wunsch, auch wenn er die Brisanz des Problems nie ganz erfasste.

Seine Frau aber konstatiert messerscharf: »Geld hat einen immensen Einfluss auf die Paarbeziehung.« Als sie wieder über ihr eigenes Einkommen verfügt habe und erst recht, als sich beider Einkünfte angeglichen hätten, sei ihre Beziehung eine andere geworden. Diskussionen mit ihrem Mann über ihr Recht, ausserfamiliäre Termine wahrzunehmen, habe sie mit einem ganz anderen Selbstbewusstsein geführt als zu Zeiten ihres Studiums. Das aber, räumt sie ein, sei eindeutig ihr Problem gewesen und nicht seines.

In jener Zeit erfuhr Gudrun Sander allerdings auch, wie stressig die Doppelrolle als Berufsfrau und mehrfache Mutter sein kann. Nach der Geburt des dritten Kindes musste sie aus gesundheitlichen Gründen eine einjährige Auszeit nehmen, um neue Kraft zu schöpfen. Sie vermutet, ihr Mann habe schon nach sechs Monaten gehofft, dass sie bald wieder arbeiten gehe, weil sie andernfalls unausstehlich würde. Tatsächlich habe sie die Auszeit mehr erduldet als genossen.

Es ist typisch für Frauen wie Sander, dass sie der Leistungsanspruch ein Leben lang begleitet. Sie verdanke vieles von dem, was sie beruflich erreicht habe, diesem speziellen Antrieb und ihrer Lust, sich zu beweisen.

Einen Namen über die Kantonsgrenzen hinaus machte sie sich erstmals als Geschäftsführerin der Frauenförderungsinitiative »Taten statt Worte«, später dann mit der Entwicklung und Umsetzung von Gleichstellungs-Controlling in Unternehmen, öffentlichen Verwaltungen und Non-Profit-Organisationen. In jüngster Zeit wird sie vor allem mit dem von ihr lancierten HSG-Wiedereinsteigerinnen-Programm »Women Back to Business« (WBB) identifiziert, das sie als »Herzensangelegenheit« bezeichnet und mit grossem Erfolg betreibt.

Einmal mehr hatte sie es gewagt, bekanntes Gelände zu verlassen. Sie entwickelte einen Lehrgang, in dem die Teilnehmerinnen an 21 Schulungstagen eine Management-Weiterbildung erhalten, die es ihnen erlaubt, sich in ihren Fachgebieten beispielsweise als Projektleiterinnen zu bewerben: »Wir bereiten sie also mehr auf generalistische Funktionen vor«, erklärt Sander, »als auf fachspezifische, bei denen nach einem mehrjährigen Unterbruch der Wiedereinstieg oft tatsächlich nicht mehr möglich ist.« Um so viele Teilnehmerinnen wie möglich in der Wirtschaft zu platzieren, mobilisierte sie ihr Firmennetzwerk, das sie bereits seit den »Taten statt Worte«-Zeiten pflegt und ausbaut. Rund drei Viertel der Lehrgangsteilnehmerinnen konnte sie bisher unterbringen.

Trotz dieser Erfolge stört es sie, dass sie zuweilen in die »Frauenecke« abgedrängt werde und ihre Management-Qualitäten zu wenig beachtet würden. Vermutlich spiele sie die männlichen Machtspiele nicht gut genug und sei zu wenig statusorientiert, meint sie dazu. Was sie antreibe, sei neben der Neugier vor allem positives Feedback von Kursteilnehmerinnen, Führungskräften und Studierenden, an dem sie merke, dass sie etwas bewirkt habe.

Manchmal wünscht sie sich, in einem Umfeld zu arbeiten, in dem es normal ist, dass Frauen Toppositionen innehaben und selbstverständlich auf allen Ebenen mitmischen. Doch Frauen, sagt sie, erhielten hierzulande selten eine Chance aufgrund ihres Potenzials. Sie müssten immer wieder erst beweisen, dass sie etwas können. Dieses ständige »Können Sie dies? Können Sie es wirklich?«, und das damit verbundene Misstrauen gegenüber Frauen, setze ihr manchmal zu und führe zu einer unnötigen psychischen Daueranstrengung. Aber mit dem Älterwerden komme auch die Reife: »Ich weiss heute, in welchen Kontexten ich wirklich gut arbeiten kann, und gehe deshalb immer seltener Kompromisse ein.«

»Frauenförderung ist nicht gratis zu haben«

Felix Althaus, Dekan der veterinärmedizinischen Fakultät der Universität Zürich, weiss, dass Massnahmen zur besseren Vereinbarkeit von Beruf und Familie bei einem Frauenanteil von rund neunzig Prozent ein Muss sind. Mit »Kids & Careers« hat er ein beeindruckendes Programm zur Frauenförderung lanciert.

In einer Power-Point-Präsentation zeigen Sie ein Bild mit dem Titel »Tierärzte im 21. Jahrhundert«. Darauf sind 5 mit roten Pfeilen markierte Männer und 53 Frauen zu sehen. Wie lässt sich dieses Geschlechterverhältnis erklären?
In den letzten fünfzig Jahren hat sich die Kleintiermedizin enorm entwickelt. Sie macht heute rund vierzig Prozent unseres Fachbereichs aus. Der gesellschaftliche Stellenwert von Hunden und Katzen hat mit der Urbanisierung und der Individualisierung der Wohnformen stark zugenommen. Ein Hund ist für ältere Menschen oft der einzige Ansprechpartner, ihr »animal companion«, für den sie alles tun würden. Entsprechend boomt die Kleintiermedizin, zu der sich die Frauen sehr hingezogen fühlen und in der sich immer neue Tätigkeitsfelder eröffnen.

Unter den Tiermedizinern herrscht Vollbeschäftigung. Also muss es auch Frauen geben, die sich für Nutztiere oder Pferde entscheiden.
Ja, auch auf diesen traditionell männlich besetzten Feldern haben wir inzwischen viele Frauen, die sehr erfolgreich arbeiten und auch auf dem Land gut akzeptiert sind. Dank pharmakologischen Hilfsmitteln können sie die Tiere heute wunderbar beruhigen, und man braucht keinen Mann mehr, breit wie ein Schrank, um einen Stier in Schach zu halten. Technik und Know-how haben die reine Kraft ersetzt. Das gilt auch im Bereich der Geburtshilfe, wo die Kenntnis der Anatomie und der Physiologie des Geburtsweges wichtiger sind als Zerren und Reissen.

Der Frauenanteil unter Ihren Studierenden beträgt rund neunzig Prozent. Das ist Rekord. Wann hat dieser Run der Frauen auf die Tiermedizin eingesetzt?
Die Entwicklung erstreckt sich über die letzten vierzig Jahre. Als ich 1974 mein Staatsexamen gemacht habe, betrug der Männeranteil knapp neunzig Prozent, heute ist es genau umgekehrt. Um dieser Situation Rechnung zu tragen, haben wir bei der Renovierung des Hauptgebäudes eine wichtige architektonische Anpassung vornehmen lassen *(lacht)*: Aus den Männer-WCs haben wir Frauentoiletten gemacht und umgekehrt.

Warum ist der Männeranteil derart eingebrochen?
Wenn ich heute Maturandenklassen besuche und frage, wer ein Studium in den Fächern Wirtschaft, Finanzen und Recht plane, steht die grosse Mehrheit der jungen Männer auf. Sie sehen die Macht, die ihnen winkt, und das schnelle Geld. Für ein Studienfach wie Medizin, das einer Ochsentour gleich-

kommt und mindestens zehn Jahre Ausbildung erfordert, bis man zum ersten Mal selber operieren darf, fehlt ihnen die Ausdauer. Das höre ich viel von Gymnasiallehrern: Sobald konstante Leistung, Hartnäckigkeit und langer Atem nötig sind, fallen die Männer zurück. Frauen hingegen sind disziplinierter und gewissenhafter.

Welche beruflichen Vorstellungen haben die Frauen, die bereit sind, eine so aufwendige Ausbildung auf sich zu nehmen?
Die meisten Studentinnen stellen sich vor, dass sie eines Tages in einer Praxis oder Klinik stehen und kranke Hunde, Katzen oder auch andere Tiere untersuchen, behandeln und heilen. Sie wollen also kurativ tätig sein. Zwischen 35 und 40 Prozent gehen diesen Weg. Viele sind Pferdenärrinnen, reiten vielleicht auch selber, und wollen darum den Pferden helfen; rund 20 Prozent entscheiden sich für diesen Bereich. Dass weitere 25 Prozent den Schwerpunkt Nutztiere wählen, ist auch ein Verdienst unserer Dozenten, welche die jungen Frauen im Verlauf des Studiums dafür begeistern können. Der Rest verteilt sich auf die Labordiagnostik, Lebensmittelhygiene oder biomedizinische Forschung.

Die Anforderungen sind hoch.
Es gibt einen Numerus clausus, und nach dem ersten Studienjahr folgen nochmals Prüfungen, die bei Nichtbestehen zum Studienausschluss führen. Den hohen Leistungsanspruch verdeutlicht die Tatsache, dass nur eine von ursprünglich vier Studienbewerberinnen das Studium abschliesst.

Leidet die Stimmung denn nicht unter dieser Leistungsdoktrin?
Überhaupt nicht. Veterinäre, egal ob Frauen oder Männer, sind idealistisch, sehr an der Sache interessiert. Sie sind auch

eher bereit, Opfer zu bringen, um eine qualifizierte Ausbildung zu erwerben. Ihnen ist durchaus bewusst, dass man als Tierarzt nicht reich werden kann. Wer hundert Prozent arbeitet und selbständig ist, verdient um die 200 000 Franken. Das ist nicht schlecht, aber als Banker könnten sie das Doppelte oder Dreifache erreichen – und das nach einer wesentlich kürzeren Ausbildung.

In Fächern, die zunehmend feminisiert werden, nehmen in aller Regel die Gehälter ab. Beobachten Sie das auch?
Ich habe schon das Gefühl, dass Frauen weniger fordernd sind und nicht gross von sich aus Lohnverhandlungen führen. Sie überschätzen sich selbst weniger als Männer, die schnell all ihre Leistungen und Diplome auf den Tisch legen und daraus Lohnansprüche ableiten. Frauen wollen erst einmal beweisen, was sie können. Das ist ein schöner weiblicher Wesenszug. Er kann allerdings auch zu Enttäuschungen führen, wenn Vorgesetzte die Qualitäten ihrer Mitarbeiterinnen nicht von sich aus honorieren. Solche Umstände begünstigen natürlich kein besonders hohes Lohnniveau.

Wie sieht die Geschlechterverteilung unter den Dozierenden aus?
Im mittleren Kader haben wir zunehmend Frauen, auch innerhalb von klassischen Männerdomänen wie der Nutztier-Chirurgie. An der Spitze, also bei den Ordinarien und Extraordinarien, können wir heute zwar noch keine Heldenzahlen präsentieren, haben aber dennoch einen Quantensprung gemacht und sind seit 2011 von 11 Prozent auf knapp 21 Prozent Frauen geklettert. Das wird jetzt Schlag auf Schlag so weitergehen. Bei Berufungen haben wir immer häufiger fast nur Frauen, auf den Shortlists sind sie dann definitiv unter sich.

Fast ein Muss, schliesslich können Sie nicht gut mit den rund zehn Prozent männlichen Studenten all Ihre Professuren bestücken.
So ist es: Wir leben in der Tiermedizin in einer stark von Frauen dominierten Welt und sind daher rein statistisch gut beraten, ihnen auch den Weg an die Spitze zu erleichtern.

Damit tun sich Frauen ja immer noch schwer. Wie erklären Sie sich das?
Von einer Professorin wird sehr viel verlangt. Sie muss eine Klinik oder ein Institut leiten, lehren, forschen, Geld auftreiben, das Personal schulen und weiterbilden, kurz, sie ist CEO, Human-Resources-, Finanz- und Marketingchef, Forscher und Dozent in einer Person. Das ist per se ein unmögliches Konstrukt, und zwar für beide Geschlechter. Wenn nun aber eine Frau daneben noch ihre zwei Söhne grossziehen soll, und zwar ohne die Unterstützung ihres Mannes, ist es ein Ding der Unmöglichkeit.

Um hier Abhilfe zu schaffen, haben Sie das Modell der Zwillings-Professur, die Twin Professorship, ins Leben gerufen. Erzählen Sie!
Mit Felicitas Boretti und Nadja Sieber-Ruckstuhl haben wir zwei Frauen bei uns, beide um die vierzig, beide Mütter kleiner Kinder und beide promovierte Privatdozentinnen, die in einem verwandten Forschungsgebiet habilitiert und sich dabei stark unterstützt haben, unter anderem, indem sie sich bei Abwesenheiten vertreten haben. Sie erzählten mir, dass ihnen dieses Modell sehr gut gefalle. Da habe ich ihnen versprochen, mich für eine Fortsetzung dieser Zusammenarbeit einzusetzen. Wir haben eine Förderungsprofessur eingegeben und sie als Twin Professorship ausgeschrieben.

Wie haben die massgeblichen Gremien auf Ihre Idee reagiert?
(schmunzelt) Die Idee wurde zunächst skeptisch aufgenommen. Wir liessen uns aber nicht beirren.

Unterdessen scheint der Wind gedreht zu haben, Sie sind mit dem Anliegen durchgedrungen.
So gehts manchmal im Leben. Gut, haben wir uns nicht stoppen lassen und können jetzt mit der Umsetzung unseres Modells fortfahren.

Die Twin Professorship ist Bestandteil des Frauenförderungs-Programms »Kids & Careers«, das Sie seit 2013 aufbauen. Können Sie uns ein weiteres Beispiel geben, das verdeutlicht, wo in Ihrem Fach ein besonders grosser Änderungsbedarf besteht?
Stichwort »Ungewissheit«, eines der grössten Probleme in unserem Umfeld. Bei uns wissen die Studierenden in der Regel erst viel zu spät, ob sie geeignet sind für eine akademische Karriere. Mein Ziel ist, dass wir ihnen bereits im Alter von Anfang dreissig sagen können, dass sie fit wären für eine akademische Laufbahn. Dann sollten sie Assistenzprofessorinnen werden und als Mitglieder der Fakultätsversammlung mitbestimmen können.

Genau in diesem Alter stellt sich aber für viele Frauen die Frage der Familienplanung.
Das ist uns bewusst. In so einem Fall muss man mit einer Frau, deren Potenzial erkannt ist, darüber reden, ob sie allenfalls zwei Jahre Mutterschafts- und Familienpause einlegen, danach aber Schritt für Schritt zurückkehren will. Dazu würde ein »social contract« abgefasst, der beide Seiten bindet: die künftige Tierärztin, aber auch die Klinikdirektorin, die diese Frau in ihre künftige Personalplanung miteinbezieht. Es darf doch nicht

sein, dass man solche qualifizierten Frauen, in die schon viel investiert wurde, einfach ziehen lässt.

Es gibt Institutionen, in denen jede Schwangere, die nur schon die ihr zustehenden vier Monate Mutterschaftsurlaub bezieht, zum Problem wird.
Mutterschaftsvertretungen sind in unserem Umfeld tatsächlich ein Riesenthema. Es gibt Frauen, die haben regelrecht Angst, ihre Vorgesetzte zu informieren, dass sie ein Kind erwarten. Sie wissen nämlich genau, welche Schwierigkeiten ihrer Chefin daraus erwachsen. Diese kann zwar einen Mutterschaftsurlaub eingeben und eine Vertretung beantragen. Nur wird sie keine promovierte Tierärztin mit einer »board certification«, also der gleichen Qualifikation, finden, die kurz mal für vier Monate reinschaut, um eine Kollegin zu vertreten. Derart qualifizierte Vertretungen gibt es einfach nicht.

Was tun?
Sie müssen gut qualifizierte Personen in Ihrem Stellenpool haben, die ausdrücklich als Springerin oder Troubleshooter angestellt sind und in solchen Situationen zur Verfügung stehen. Anderes Beispiel: Nehmen wir die Abteilung Anästhesiologie, die besteht fast ausschliesslich aus Frauen und wird auch von einer Frau geführt. Dieser Bereich liefert einen »service on call«, da müssen Sie anästhesieren, solange Patienten kommen, wenn es sein muss, bis abends um neun. Die männlichen Mitarbeiter machen da problemlos mit, ihnen halten ja ihre Frauen daheim den Rücken frei. Eine junge Anästhesistin und Mutter aber sagt womöglich um sechs Uhr: Sorry, aber ich muss jetzt mein Kind in der Krippe abholen. Um diesen neuen Anforderungen gerecht zu werden, brauchen wir neue Stellen.

Das kostet doch viel zu viel, wird man Ihnen entgegnen.
Frauenförderung ist nicht gratis zu haben. Nein, ernst gemeinte Frauenförderung wird rund zwanzig Prozent Extrakosten verursachen. Für neue Stellen, aber auch für die Abgeltung von Leistungen wie jene drei Stunden Anästhesieren von 18 bis 21 Uhr, die von den Männern tatsächlich problemlos erbracht werden, müssen Sie Ersatz finden. Wir leben in der Veterinärmedizin in einer Frauengesellschaft und müssen Fragen wie Vereinbarkeit von Beruf und Familie strukturell regeln. Sonst leiden die angehenden oder praktizierenden Ärztinnen, haben ein schlechtes Gewissen, verzichten ganz auf Kinder oder steigen wieder ganz aus dem Beruf aus.

Das klingt gut, insbesondere aus dem Mund des Dekans. Nun müssen Sie aber auch noch Ihre Instituts- und Klinikdirektoren dazu bringen, dem Thema Frauenförderung genauso viel Bedeutung beizumessen, wie Sie das offenbar tun. Wie gehen Sie da vor?
Ich erzähle meinen Kollegen gern eine kleine Geschichte, das kommt besser an als grosse Belehrungen. So habe ich ihnen kürzlich an der Fakultätsversammlung von einem Klinikleiter erzählt, der einer Studentin ein SMS schickte, als sich diese zerknirscht abmeldete, weil sie bei ihrem kranken Kind daheimbleiben musste. Sie solle sich Zeit nehmen, schrieb er ihr, es sei wichtig, dass sie jetzt für ihr Kind da sei. Die junge Frau war total erleichtert. Meinen Kollegen habe ich gesagt, dass auch das gelebte Frauenförderung sei: ein verständnisvolles SMS, das nicht mehr als fünfzehn Sekunden Zeit beansprucht, aber der jungen Frau eine neue Welt frei von Schuldgefühlen eröffnet.

Welcher Bereich innerhalb Ihrer Fakultät ist von der zeitlichen Belastung her am anspruchsvollsten? Es heisst ja oft, wer forsche, müsse zeitlich sehr flexibel sein. Was für Frauen mit kleinen Kindern zur Krux werden kann.
Ich glaube, die Kombination von Klinik und Forschung ist das Schwierigste. Fünfzig Prozent an der einen und fünfzig Prozent an der anderen Front, dazu Notfälle. Das kann zur Zerreissprobe für Familienfrauen werden. Da hat es eine Profiforscherin, die ausschliesslich für ihr Labor zuständig ist, fast einfacher, ihre Lauf- und ihre Lebensbahn im Gleichgewicht zu halten.

Das Thema Mutterschaft ist das eine. Ungelöst ist aber nach wie vor auch die Frage, wie man Frauen überhaupt dazu ermutigen kann, Führungsverantwortung zu übernehmen.
Dabei geht es in hohem Masse um das Selbstvertrauen der Frauen, was tatsächlich ein komplexes Thema ist. Nehmen Sie die weibliche Angst, sich zu exponieren und nur schon in einer kleinen Gruppe das Wort zu ergreifen und damit sichtbar zu werden: Hilfe, ich könnte ja aufdringlich oder wie eine Blufferin wirken. Darum geht es doch gar nicht. Wenn Sie mit 35 anderen Postdocs an einem Tisch sitzen, befinden Sie sich auf einem Marktplatz und müssen alles Interesse daran haben, Ihr Projekt zu präsentieren oder Ihre Ideen zu vertreten. In Amerika lernen schon die Knirpse im Kindergarten »public speaking«.

Was können Sie in Ihrer Funktion beitragen, um diesen Missstand zu beheben?
Ich nehme das Problem sehr ernst und bemühe mich, bei jeder Gelegenheit potenziellen Kaderfrauen Mut zu machen und sie für eine Karriere zu begeistern. Vor einiger Zeit war

eine Studentin bei mir im Büro und fragte, ob sie die Clinical Rotations ausnahmsweise zwei Stunden früher verlassen dürfe, sie spiele Eishockey, sei im B-Nationalmannschaftskader und müsse wegen der Olympischen Spiele intensiver als sonst trainieren. Sie genierte sich fast ein bisschen, mir all das zu erzählen. Dabei war ich hell begeistert und habe sofort zugestimmt. Ich habe ihr gesagt, sie sei für mich eine künftige Kaderfrau. Sie treibe auf höchstem Niveau Sport und bewältige ihr Studium mit guten Noten. Das zeige ihr Potenzial, auch ihre Team-, Motivations- und Organisationsfähigkeit. So eine Frau darf uns nicht entgehen, die müssen wir gezielt fördern. Um darin noch besser zu werden, bieten wir seit 2011 auch Mentoring an.

Wie gestalten Sie dieses Angebot konkret?
Dabei geht es nicht darum, die jungen Frauen zu »pampern« und ihnen eine Mentorin zu besorgen, die sie an der Hand nimmt. Sondern wir erklären den Betroffenen, dass wir ihr Karrierepotenzial sähen und sie einladen möchten, diesen Weg gemeinsam mit uns etwas systematischer zu gehen. Fragen, ob sie Interesse an einer Mentorin hätten. Die müssen sie sich dann selber aussuchen, aber wir steuern ein bisschen, indem wir beispielsweise die Personalchefin der Swiss Re oder eine Professorin an der Theologischen Fakultät in Basel vorschlagen. Das sind dann die sogenannten Aussenmentorinnen.

Wäre es nicht wichtiger, dass Leute aus Ihren Reihen mit Insiderkenntnissen die Studentinnen begleiten?
Damit sprechen Sie Teil zwei des Mentorings an. Wenn wir unser Mentoring-Angebot voll ausgebaut haben, werden all unsere Dozierenden speziell ausgebildet sein auf dem Gebiet der Förderung von künftigen Führungsleuten. So wissen viele Dozenten und Dozentinnen heute noch nicht, dass wir einen

eigenen Graduate Campus haben, an dem wir eine Batterie von rund zwei Dutzend Kursen in Management anbieten. Dort kann ein junger Postdoc eine Veranstaltung besuchen, an der er oder sie dafür qualifiziert wird, »group leader« zu sein und Doktorandinnen zu betreuen. Das ist eine Führungsfunktion, auf die Wissenschaftlerinnen normalerweise nicht vorbereitet werden. Dort können sie auch lernen, wie es ihnen gelingt, Drittmittel beim Nationalfonds aufzutreiben. Oder sie machen sich schlau in Konfliktmanagement für den Fall, dass sie ihr erstes kleines Team führen und beispielsweise klären müssen, wer als Co-Autorin einer Studie erscheint und wer nicht. Diese Angebote müssen künftig unsere Dozenten unter die Leute bringen; es reicht nicht, sie nur auf unserer Intranet-Seite zu publizieren.

Was ist das übergeordnete strategische Ziel, das Sie mit Ihrer Frauenförderung verfolgen?
Die Vetsuisse-Fakultät gilt momentan als eine der besten Veterinärschulen Europas. Wollen wir diesen Spitzenplatz halten, müssen wir gezielt exzellente, leistungswillige Frauen gewinnen. Das wird uns nur gelingen, wenn wir diesen Frauen auch zur Balance von Laufbahn und Lebensbahn verhelfen können. Das übergeordnete Ziel muss sein, dass Vetsuisse die beste Nachwuchsförderung in Europa bietet. Das wird sich herumsprechen und die besten Nachwuchstalente anziehen.

Wir haben jetzt ausschliesslich über Frauenförderung geredet. Dabei müssten Sie ja bei einem Männeranteil von rund zehn Prozent auch über Massnahmen nachdenken, wie Sie wieder mehr Männer an Bord holen können.
Das Thema ist ein Dauerbrenner, und ich habe schon mit vielen europäischen Fakultätsleitern, denen es ja allen gleich geht,

darüber diskutiert, wie wir eine bessere Durchmischung erreichen können.

Wo wollen Sie den Hebel ansetzen?
Ich denke, wir müssen die Anfangsselektion neu aufgleisen. Momentan ist es so, dass wir mit dem Numerus clausus eine gesetzlich vorgeschriebene Aufnahmeprüfung haben, mit der Frauen ganz offensichtlich besser klarkommen. Sonst würden sie diesen Anfangswettbewerb nicht zu nahezu neunzig Prozent für sich entscheiden. In Utrecht, habe ich mir sagen lassen, will man die Aufnahmeprüfung nun durch dreiviertelstündige Interviews mit jedem der rund 800 Bewerber und Bewerberinnen ersetzen. Geführt werden sie von einem Professor, einem praktizierenden Tierarzt und einer Studentin. Deren Aufgabe ist es, in erster Linie das Profil der Kandidierenden zu erheben, um auf diesem Weg vermehrt Leute zu finden für Fachgebiete wie zum Beispiel die Lebensmittelsicherheit, die noch viele Laufbahnmöglichkeiten bieten. Auf diesem Weg, so die Hoffnung, werde es gelingen, das Geschlechterverhältnis wieder ein bisschen zugunsten der Männer zu verschieben. Statt 9:1 vielleicht 7:3. Das wär doch schon besser.

Gemeinsam an die Spitze

Nadja Sieber-Ruckstuhl, 42, und Felicitas Boretti, 44, teilen sich seit dem 1. August 2014 eine Assistenzprofessur innerhalb der Kleintiermedizin am Tierspital Zürich: ein Novum in der Geschichte der Universität.

Wie kam es zu Ihrem Top-Sharing?
Nadja Sieber-Ruckstuhl: Die Assistenzprofessur war öffentlich ausgeschrieben, und wir haben uns beworben. Speziell war, dass wir ein gemeinsames Bewerbungsdossier eingereicht, die Berufungsverhandlungen mit der Unileitung gemeinsam geführt und Forschungsprojekte präsentiert haben, die wir gemeinsam durchführen wollen.
Felicitas Boretti: Es war uns wichtig, den Sharing-Aspekt unseres Modells von Anfang an zu betonen. Wir haben ausdrücklich gesagt, dass wir als Assistenzprofessorinnen alles aufteilen werden: Forschung, Lehre und Betreuung der Studierenden. Daraufhin wurden wir eingeladen und haben uns letztlich durchgesetzt.
Sieber-Ruckstuhl: Diese Bewerbung war auch die logische Folge unserer langjährigen engen Zusammenarbeit: Seit 2006, als wir beide unser erstes Kind bekommen und auf Teilzeit umgestellt haben, begleiten wir einander bei unseren wissen-

schaftlichen Arbeiten, insbesondere auch unseren Habilitationen. Wir vertreten einander auch bei Abwesenheiten und waren während des Mutterschaftsurlaubs der anderen Ansprechperson für Doktoranden, Kolleginnen und Kunden.

Für Sie als Mütter kleiner Kinder ist also die Zusammenarbeit besonders wertvoll, ja geradezu unabdingbar?
Sieber-Ruckstuhl: Es ist wirklich ideal, als Teilzeitangestellte jemanden an seiner Seite zu wissen, der im selben Fachgebiet tätig ist, die eigenen Forschungsprojekte à fond kennt und auch die Kunden an den Tagen betreuen kann, an denen man selber nicht im Spital ist.
Boretti: Unsere Beziehung ist wirklich ein Glücksfall. Wir kennen uns ja schon viel länger, haben schon unsere Doktorarbeiten beim selben Professor gemacht, schnell einmal gewusst, dass wir beide in die Kleintiermedizin gehen. Später hat es sich ergeben, dass wir beide uns auf Hormonerkrankungen wie Nebennieren-Überfunktion beziehungsweise Schilddrüsen-Unterfunktion bei Hunden – die Themen unserer Habilitationen – spezialisierten.
Sieber-Ruckstuhl: ... und als wir 2006 dann Oberärztinnen geworden sind, haben wir ein gemeinsames Büro bezogen und arbeiten seither auf sehr engem Raum zusammen *(sie lacht angesichts des Zwölf-Quadratmeter-Zimmers)*.
Boretti: In jener Zeit haben wir auch realisiert, dass wir gemeinsam schneller und besser sind, als wenn jede für sich allein arbeitet.

Eine klassische Win-win-Situation also, die vor allem auch Felix Althaus, der kürzlich pensionierte Dekan der veterinärmedizinischen Fakultät (siehe Interview Seite 144), als solche erkannt und gefördert hat.

Boretti: Er hat das Modell der Twin-Professorinnen, wie er es später genannt hat, massgeblich »gepusht«. Dazu musste er zunächst einmal wissen, dass es diese Form Erfolg versprechender Zusammenarbeit gibt. Denn erst als wir unsere beiden Habilitationen auf dem Dekanat eingereicht haben, merkten sie, dass zwei »Teilzeit-Frauen«, beide Mütter kleiner Kinder, sich gegenseitig so stark unterstützen und austauschen.
Sieber-Ruckstuhl: Althaus fand das super. Er hatte das Problem unserer Fakultät längst erkannt: Wir haben einen Frauenanteil, der gegen 95 Prozent tendiert, und leiden darunter, dass viele Frauen, wenn sie schwanger werden, ausscheiden und insbesondere für zeitintensive Führungsfunktionen an der Universität verloren sind. Als wir Althaus schilderten, wie wir uns organisieren, fand er, unser Modell habe Vorbildcharakter und könne andere Frauen ermutigen, sich auch mit Familie beruflich weiterzuentwickeln und sich eines Tages sogar um eine Professur zu bemühen.

Althaus hat sich für das Modell eingesetzt. Ihre Wahl als Assistenzprofessorinnen war die Folge davon. Was die Universitätsleitung allerdings nicht akzeptierte, war die Bezeichnung »Twin-Professorinnen«. Wie erklären Sie sich den Widerstand?
Sieber-Ruckstuhl: Die Uni will den Begriff nicht gebrauchen, weil sie stärker betonen möchte, dass wir individuelle Persönlichkeiten seien, die zwei voneinander unabhängige Stellen bekleiden. Sie kann sich offenbar auch vorstellen, dass sich eine von uns eines Tages auf eine ordentliche Professur bewirbt. Indem sie den Begriff »Twin-Professorinnen« vermeidet, will sie der anderen ermöglichen, ihre Sechzig-Prozent-Assistenzprofessur auch eigenständig fortzuführen, unabhängig von ihrem »Zwilling«.

Diese Argumentation ist nachvollziehbar und müsste ja auch in Ihrem Sinn sein.
Boretti: Durchaus. Aber uns wäre es auch wichtig gewesen, das Label »Twin-Professorinnen« zu etablieren und ihm dadurch grössere Beachtung zu verschaffen.

Vielleicht hatte die Universitätsleitung Angst vor einem Präzedenzfall und dachte, ohne Namen würde Ihr Modell weniger schnell von sich reden machen.
Boretti: Ich kann mir gut vorstellen, dass es solche Überlegungen gab. Die Leitungsgremien an der Zürcher Uni waren bisher ja ziemlich konservativ eingestellt *(schmunzelt)*.

Aber es muss doch den Verantwortlichen längst klar sein, dass es bei einer dermassen feminisierten Fakultät wie der Tiermedizin dringend Fördermassnahmen braucht, die es jungen Frauen erlauben, Familie und Karriere zu vereinbaren.
Boretti: Es hat ein gewisses Umdenken eingesetzt. Doch dass es bei uns als normal gilt, Teilzeit zu arbeiten, ist relativ neu.
Sieber-Ruckstuhl: Als ich 2006 schwanger wurde, wollte ich mein Arbeitspensum an der Uni reduzieren. Ich wusste allerdings nicht, wie meine Chefin darauf reagieren würde. So riskierte ich eine abschlägige Antwort, denn eine Frau, die eine Führungsfunktion bekleidet und gleichzeitig Teilzeit arbeitet, hatte es bis dahin noch nicht gegeben.
Boretti: Als kurz darauf auch ich noch schwanger wurde, war unsere Chefin regelrecht geschockt. Bei Nadja hatte sie wohl damit gerechnet, dass sie eines Tages Kinder haben würde, ich aber galt überhaupt nicht als Familienmensch. Zu unserem grossen Glück hat sie sich dann auf das Wagnis eingelassen und uns eine Chance gegeben.

Was hat den Ausschlag gegeben?
Boretti: Sie betonte, dass von einem Oberarzt auch erwartet werde, dass er habilitiere. Worauf wir erwiderten, genau das wollten wir ja. Wir hätten vor, uns als Teilzeiterinnen so zu unterstützen, dass beide zum Ziel kämen. So willigte sie letztlich ein, betonte aber, sie sei skeptisch, ob das gelinge.
Sieber-Ruckstuhl: Dass der ehemalige Dekan und jetzt auch seine Nachfolgerin positiv zu solchen modernen Arbeitsformen stehen, ist ein entscheidender Fortschritt.
Boretti: Es ist auch für nachfolgende Generationen wichtig, zu wissen, dass bei uns Teilzeitarbeit etabliert ist, ja sogar gefördert wird. Es wird niemand abgestempelt, weil er ein reduziertes Pensum bekleidet. Das Frauenförderprogramm »Kids & Careers« bietet dazu eine wertvolle Basis.

Nun weiss man ja, dass bei Teilzeitangestellten meistens nur das Gehalt definitiv reduziert ist, während die Arbeitszeit das vertraglich geregelte Pensum schnell überschreitet.
Sieber-Ruckstuhl: Das ist auch bei mir so. Ich nehme viel Arbeit mit nach Hause, lese auch im Zug oder abends Fachliteratur, arbeite an Referaten oder Publikationen und halte manchmal am Wochenende Vorträge an Kongressen. Auch an den beiden Tagen, an denen ich daheim bin, erledige ich berufliche Dinge, häufig in der Zeit, in der meine beiden inzwischen sieben- und neunjährigen Kinder in der Schule sind. Trotzdem schätze ich dieses Modell sehr, weil es mir erlaubt, mindestens diese beiden Tage mit den Kindern zu verbringen, mit ihnen aufzustehen, zu essen, längere Gespräche zu führen oder ihnen bei den Hausaufgaben zu helfen.
Boretti: Mir geht es genauso. Ausserdem war mir von Anfang an klar, dass man von Ärztinnen mit Führungsfunktionen und erst recht von Assistenzprofessorinnen erwartet, dass sie

mehr leisten, als in drei Tagen machbar ist. Unsere Pflichten beschränken sich nämlich nicht auf Forschung, Lehre und Dienstleistung, sondern beinhalten auch Aufgaben wie das Mitwirken in Fachgremien oder das Organisieren von Weiterbildungen: alles Pflichten, die sich in der Präsenzzeit niemals erledigen liessen. Dazu kommt der Wochenenddienst.

Es heisst oft, vor allem die Forschung erfordere lange Präsenzzeiten und sei schlecht planbar – das Schwierigste für Mütter, denen es an der nötigen Flexibilität fehle.
Boretti: Tatsächlich ist Forschung manchmal unberechenbar. Seit mein inzwischen neunjähriger Sohn in die Schule geht, haben wir mittwochs und donnerstags eine Nanny, die an beiden Tagen bei Bedarf bis 21 Uhr oder länger bleibt. Das erlaubt mir, open end zu arbeiten.
Sieber-Ruckstuhl: Forschung beinhaltet ja auch viel Lektüre und Schreibarbeit. Dank dem Laptop bin ich heute so flexibel, dass ich viele dieser Aufgaben auch unterwegs oder in Randstunden daheim erledigen kann. Dazu ist mein Mann ziemlich flexibel und hält mir, wenn nötig, den Rücken frei. Manchmal springt auch meine Mutter ein.

Schildern Sie etwas ausführlicher, wie Sie die Kinderbetreuung organisiert haben!
Sieber-Ruckstuhl: Wir haben es daheim relativ klar organisiert. Mein Mann arbeitet achtzig Prozent und ist am Freitag für die Kinder und den Haushalt zuständig. Ich bin montags und dienstags daheim. Den Rest der Woche deckt meine Mutter ab, die mit uns im selben Haus wohnt. Da ich in einem Dorf bei Schaffhausen lebe, habe ich einen weiten Arbeitsweg und muss morgens bereits um halb sechs Uhr das Haus verlassen. Abends versuche ich, pünktlich zum Nachtessen zurück

zu sein. Während der Randstunden am Morgen und Abend betreut mein Mann die Kinder. Das heisst, wir müssen keine zusätzliche Fremdbetreuung organisieren.

Boretti: Ich befinde mich in einer nicht ganz so luxuriösen Situation wie Nadja, wohne dafür aber in Zürich und habe einen kurzen Arbeitsweg. Unser Sohn wird an zwei Tagen von einer Nanny betreut, die zu uns nach Hause kommt, einmal pro Woche ist er im Hort. In den ersten Jahren war es deutlich schwieriger mit seiner Betreuung, weil ich ewig auf einen Krippenplatz warten und mich zunächst mit Eltern, Schwiegereltern und einer Tagesmutter »durchhangeln« musste. Auf meinen Mann, der als Humanmediziner am Unispital mindestens 150 Prozent arbeitet, konnte und kann ich für die Kinderbetreuung nur in Ausnahmefällen zählen.

Was machen Sie denn heute, wenn Sie einen Termin am frühen Morgen haben?
Boretti: Unser Sohn geht an den Morgentisch, den die Stadt Zürich anbietet. Der ist bereits ab 7.15 Uhr offen, und in der Regel bringe ich ihn dorthin. Dann kann er vor der Schule mit anderen Kindern frühstücken.

Haben Sie manchmal ein schlechtes Gewissen, weil Sie denken, Sie würden Ihre Kinder zugunsten Ihrer Karriere vernachlässigen?
Sieber-Ruckstuhl: Als berufstätige Mutter hat man wohl immer wieder mal ein schlechtes Gewissen. Das kann auftreten, wenn ich mehrmals pro Woche spätabends nach Hause komme oder mit anderen Müttern zusammen bin, die durchgehend daheim sind.
Boretti: Ich habe vor allem in der Anfangszeit unter dem Anspruch gelitten, alle zufriedenstellen zu müssen: meinen Sohn

und meinen Mann, meine Chefin und zuletzt auch noch mich selber. Inzwischen hat sich das etwas gelegt.

Welche Strategien haben Ihnen Entspannung gebracht?
Boretti: Ich habe meinen Sohn kürzlich gefragt, ob er es besser finden würde, wenn ich ganz daheimbleiben und zu ihm schauen würde. Er meinte, nein, er finde es gut, dass ich arbeiten gehe. Seine Reaktion hat mich beruhigt. Kurz darauf erzählte er noch eine Episode aus der Schule, die mich wahnsinnig gefreut hat. In seiner Klasse schildern alle Kinder am Morgen, wie sie sich fühlen: müde, gestresst, traurig, zufrieden, glücklich. Er erzählte mir, er habe sich als glücklich beschrieben, weil seine Mama Professorin geworden sei. Das ist doch eine schöne Rückmeldung.
Sieber-Ruckstuhl: Ich kompensiere mein schlechtes Gewissen, indem ich, wenn immer möglich, alle Anlässe schulischer oder sportlicher Art besuche, an denen unsere Kinder teilnehmen. Wenn ich daheim bin, will ich uneingeschränkt für sie präsent sein. Wenn dann wichtige private Ereignisse der Kinder am Wochenende mit beruflichen Verpflichtungen von mir zusammenfallen, kann es schon mal zu Hektik und Nervosität bei uns kommen.

Wie reagiert Ihr Umfeld auf Sie, zwei Mütter, die eine steile Berufskarriere hinlegen?
Sieber-Ruckstuhl: Meine Familie und ich leben in einem ländlichen Umfeld, wo es nicht so viel Verständnis dafür gäbe, wenn ich gross erzählen würde, ich sei kürzlich Professorin geworden und mache jetzt Karriere. Ich halte diese Informationen eher zurück und teile sie nur mit engen Freundinnen und Bekannten. Als ich neulich gefragt wurde, ob ich mir vorstellen könnte, in dem Verein im Dorf, in dem ich Mitglied bin,

das Präsidium zu übernehmen, habe ich mich mit meiner Absage schwergetan und letztlich irgendetwas von einer beruflichen Beförderung mit Zusatzaufgaben und Mehrbelastung gemurmelt. Ich drücke mich immer noch davor, das Wort Professorin in den Mund zu nehmen.

Boretti: In der Stadt Zürich lebe ich in einem Umfeld, in dem es üblich ist, dass Frauen erwerbstätig sind. Trotzdem stelle ich meinen Titel nicht ins Schaufenster. Ich hatte auch nie vor, Professorin zu werden, aber ich wusste schon als Teenager, dass ich Tierärztin werden möchte. Mein Umfeld weiss, dass mich dieses Interesse motiviert und nicht irgendwelche Karrieregelüste.

Sieber-Ruckstuhl: Auch auf dem Land sehen viele Leute inzwischen ein, dass es bei einigen Berufen schwierig ist, fünf Jahre auszusteigen und ganz daheimzubleiben.

Wir haben die Vorzüge des Modells Twin-Professorinnen besprochen. Was ist der Preis, den Sie dafür zahlen?

Sieber-Ruckstuhl: Ohne Familie und mit einem Vollzeitpensum hätte ich eine andere Karriere machen können. Vielleicht hätte ich mich um eine Professur beworben, die vor einigen Jahren ausgeschrieben war, oder wäre für längere Zeit in die USA oder nach Australien gegangen. Ich hätte sicher mehr Einladungen an Kongresse angenommen. Diesen Teil meiner Arbeit halte ich heute auf dem Minimum, weil er so viel Zeit verschlingt; ganz kann ich nicht darauf verzichten, weil meine Funktion eine gewisse Präsenz auf dem internationalen Parkett erfordert. Wenn ich jährlich an zehn Tagungen teilnehmen würde, könnte ich mir schneller einen guten Ruf als Expertin aufbauen. Unsere Karriere verläuft also nicht gar so steil, sondern weist einen leichten Knick auf. Aber dafür habe ich mich bewusst entschieden, ich habe ja etwas Zusätzliches gewonnen: meine Familie.

Boretti: Ich finde nicht, dass ich einen übermässigen Preis für unser Modell zahlen muss. Vor der Geburt meines Sohnes habe ich zeitweise jedes zweite Wochenende einen Vortrag vor grossem Publikum gehalten und fand das toll. Mit der Entscheidung für ein Kind habe ich die Schwerpunkte in meinem Leben etwas verschoben und bin zufrieden, wenn ich nicht mehr am europäischen und am amerikanischen Fachkongress teilnehme, sondern mich für den einen oder den anderen entscheide. Frauen sind flexibler und können sich schneller als Männer neuen Situationen anpassen.

An Ihrem Arbeitsplatz haben Sie es je länger, je mehr nur noch mit anderen Frauen zu tun. Die Feminisierung eines Fachs – etwa auch der Gynäkologie –, das weiss man aus anderen Ländern wie der ehemaligen DDR oder der Sowjetunion, führt oft zu abnehmendem Prestige, sinkenden Gehältern und zu beeinträchtigten Forschungsergebnissen. Wie erleben Sie das innerhalb der Tiermedizin?
Boretti: Im Bereich Kleintiermedizin ist die Uni Zürich auch als Forschungsstandort weltweit hoch anerkannt. Wir können gut in internationalen Fachmagazinen publizieren und werden auch von amerikanischen Kollegen sehr geschätzt. Kurz, eine Abnahme an wissenschaftlicher Qualität würde ich in Abrede stellen.

Wie sieht es denn bei den Gehältern aus?
Boretti: Die Lohnfrage ist wohl die heiklere. Wir hatten auch schon einen Assistenten, einen hervorragender Tierarzt und Wissenschaftler, der sich bewusst gegen eine Karriere an der Uni entschieden hat, weil er mit einer eigenen Praxis das Doppelte verdienen konnte.

Müssten die Frauen in Gehaltsverhandlungen nicht offensiver auftreten? Felix Althaus macht im Interview (siehe Seite 147) genau da Handlungsbedarf aus.
Boretti: Bei den Berufungsverhandlungen für unsere Assistenzprofessur sind unsere Lohnforderungen bei der Unileitung nicht so gut angekommen. Wir haben später jedenfalls gehört, dass es als unangemessen empfunden wurde, dass wir nicht kommentarlos auf den Lohnvorschlag der Gegenseite eingestiegen sind, sondern mehr verlangt haben. So im Sinn: Was fällt diesen Frauen überhaupt ein? Es ist offenbar immer noch so, dass Frauen, die selbstbewusst auftreten und wissen, was sie wollen, schlecht ankommen, während dasselbe Verhalten bei Männern als durchsetzungsstark und positiv bewertet wird.

Hatten Sie wenigstens Erfolg mit Ihren Lohnforderungen?
Sieber-Ruckstuhl: Sagen wir es so: Wir waren nicht ganz erfolglos *(schmunzelt).* Wahrscheinlich ist Lohn tatsächlich ein Thema, bei dem es nach wie vor grosse geschlechtsspezifische Unterschiede gibt – nicht nur in Franken, sondern auch in Bezug auf den Umgang der beiden Geschlechter damit.
Boretti: Ich war kürzlich an einem Seminar an der Uni Irchel, an dem eine englische Dozentin über den Einfluss des Geschlechts unter anderem auf den Lohn referiert hat. Sie hat von einer Studie erzählt, für welche Stellenbewerbungen mit Lohnvorstellungen und Lebensläufen verschickt wurden. Die eine Hälfte war mit dem Vornamen John, die andere mit Silvia versehen. Alles andere war deckungsgleich. Das Resultat? John wurde im Schnitt zwanzig bis dreissig Prozent mehr Lohn angeboten, oder er wurde automatisch in einer höheren Gehaltsklasse angesiedelt als Silvia. Ich vermute, die Verhältnisse in der Schweiz sind ähnlich.

Karriere auf dem Klettergerüst

Die Karriere der 53-jährigen Kathrin Amacker ist alles andere als gradlinig verlaufen. Sie machte einige Umwege, ehe sie Kommunikationschefin und Konzernleitungsmitglied der SBB wurde.

Im Spannungsfeld von Beruf und Mutterschaft entwickeln sich häufig »Klettergerüst-Karrieren«. Diesen Begriff hat Facebook-Chefin Sheryl Sandberg in ihrem Buch »Lean in – Frauen und der Wille zum Erfolg« geprägt. Während Männer die Karriereleiter in Rekordzeit erstürmen, turnen Frauen öfter auf einem Klettergerüst herum: mal aufwärts, dann wieder seitwärts oder gar einen Schritt zurück, ehe der Aufstieg weitergeht.

So gesehen, war der Balken für die junge Kathrin Amacker der ideale Übungsplatz. Sie war fasziniert von diesem tückischen Sportgerät, das der Turnerin im Wettkampf neunzig Sekunden lang Nervenstärke, Kraft und Reaktionsschnelligkeit abverlangt – wer abstürzt, hat verloren. Der Balken war ihre Lieblingsdisziplin, als sie für den Bürgerturnverein Basel viermal pro Woche in der Halle stand und trainierte. Sie sei »der Wettkampftyp gewesen«, erzählt sie. Den Handstandüberschlag auf dem hölzernen Grat habe sie im Ernstfall »plötzlich hinbekommen«, auch wenn sie im Training häufig patzte.

Die Eigenschaft, im entscheidenden Moment zur Höchstform aufzulaufen, statt vor lauter Nervosität zu versagen, ist Amacker bei herausfordernden beruflichen Situationen schon oft zugutegekommen. Zum Beispiel, als sie Präsidentin der Angestelltenvertretung des Pharmakonzerns Novartis war, an einer Versammlung 2000 Mitarbeitenden gegenüberstand und in einer kritischen Situation das Wort ergreifen musste: »Das waren höllische Sekunden«, stöhnt sie noch heute, »und ich fühlte mich wahnsinnig unter Druck.« Da habe sie an den Balken gedacht und sich sofort beruhigt: Stell dir vor, du ziehst deine Übung durch, wie du es früher gemacht hast! Denk dran, dass dir das Scheinwerferlicht der Bühne und der Blick ins Publikum vertraut sind! Die Autosuggestion tat ihre Wirkung: Alles ging gut.

Mit zehn Jahren war Amacker dem Bürgerturnverein beigetreten, nachdem sie vorher etliche Jahre Ballett- und Eurhythmiestunden bekommen und mit ihrem Vater, auch er Kunstturner, daheim Handstand, Standwaage und Radschlagen geübt hatte. Sie hatte Talent: Zweimal klassierte sie sich an den Schweizer Meisterschaften unter den ersten drei; einmal errang sie an einem Eidgenössischen Turnfest einen Kranz. Mit sechzehn machte sie eine Leiterausbildung, gab ihre erste Trainingsstunde und übernahm die Kunstturngruppe des Bürgerturnvereins. Insgesamt dreissig Jahre war sie zusätzlich als Kampfrichterin tätig, engagierte sich in der Förderung von Jugendlichen und war als Vorstandsmitglied die treibende Kraft, als es darum ging, den Basler Männer- und Frauenturnverein zu fusionieren.

Der Sport, sagt sie, habe sie geschult im Umgang mit Zielen. Einige sprengten beinahe ihre Grenzen, ja machten ihr auch Angst, andere forderten sie heraus und weckten in ihr Kräfte, die sie selber überraschten. Die sportlichen Erfahrungen hätten ihr geholfen, mit Niederlagen umzugehen: »Wenn ich verloren hatte«, erinnert sie sich, »war ich zwar enttäuscht, habe aber nach vorn geschaut und mir gesagt: Es ist, wie es ist. Die nächste Chance kommt bestimmt.« Schmerzhafte Dämpfer hätten ihren Kampfgeist angestachelt und sie ermutigt, sich zu steigern. Beim Turnen habe sie hautnah erfahren, dass eine schwierige Situation nicht das Ende bedeutete, sondern dass sie es in der eigenen Hand hatte, Gegenmassnahmen zu ergreifen und Änderungen zu bewirken. Ihre sportlichen Erfahrungen hat Amacker optimal umgesetzt: Nach einer abwechslungsreichen Karriere ist sie inzwischen Kommunikationschefin und Konzernleitungsmitglied der SBB.

Doch der Reihe nach. Bei der Wahl ihres Studienfachs ging sie pragmatisch und ausgesprochen strategisch vor. Pharmazie, dachte sie, werde ihr eines Tages auch eine Teilzeitanstellung erlauben, die sich gut mit einer Familie verbinden liesse. Medizin, eigentlich ihr Lieblingsfach, stand nicht zur Wahl, weil Amacker überzeugt war, dass der Ärzteberuf unvereinbar sei mit Kindern. Die Pharmazie erachtete sie als guten Kompromiss, denn es geht auch dort um Krankheit und Genesung. In der Folge legte sie das beste Staatsexamen ihres Jahrgangs ab.

Einige Beispiele zeigen, wie intuitiv sie in ihrer Karriere vorgegangen ist. Eigentlich wollte sie nicht dissertieren, obwohl ihr ein Oberassistent dazu riet. Sie winkte ab: Undenkbar! Erst als er keine Ruhe gab und ihr die Vorteile des Doktortitels plastisch schilderte, liess sie sich auf den Gedanken ein. Plötzlich reizte es sie, als einzige Frau bei den Pharmazeuten diesen Schritt zu wagen. »Mich stach der Hafer«, lacht sie. Für ihre Arbeit erhielt sie ein »summa cum laude«, die höchstmögliche Benotung. Parallel dazu hatte sie begonnen, selber an der Uni zu unterrichten und Studierende bei ihren Projekten zu begleiten.

Als man ihr kurze Zeit später sagte, bei der damaligen Ciba-Geigy sei eine Stelle in der pharmazeutischen Produktion frei, die sie interessieren könnte, ging das Spiel von vorn los. Sie verwarf die Hände: »Um Himmels willen! Was soll ich in so einer riesigen, von Männern dominierten Firma!« Dann befasste sie sich näher mit dem Stellenprofil, worauf es plötzlich klick machte und ihre Risikolust erwachte. Als Projektleiterin in der technischen Entwicklungsabteilung studierte sie fortan dicke Handbücher und führte Tests durch, um Maschinen für die Produktion zu evaluieren. Das war zwar nicht der Weg, den Pharmazeutinnen üblicherweise gehen, aber die Aufgabe forderte sie heraus und reizte ihre Kämpfernatur.

Zunächst zögerte sie auch, als der Konzern im Pharmawerk Stein am Rhein wegen gravierender Probleme mit dem Maschinenpark, die den gesamten Export in die USA infrage stellten, dringend eine Fachkraft für die Leitung der Task-Force suchte. Als man sie bat, sich zur Verfügung zu stellen, winkte sie ab. Sie hatte gerade ihr erstes Kind bekommen, ihr Pensum auf siebzig Prozent reduziert und konstatierte: »Es ist der falsche Moment.« Erst als mehrere Kollegen sie beknieten, beschäftigte sie sich eingehender mit der Stelle und übernahm schliesslich den für ein Hundert-Prozent-Pensum konzipierten Job mit ihren siebzig Prozent interimistisch für ein Jahr. Viele Leute in ihrem Umfeld staunten, dass sie sich auf eine Aufgabe einliess, für die sie eine unbefristete Anstellung zugunsten einer höchst unsicheren beruflichen Zukunft preisgab. Kathrin Amacker selber reizte primär die Chance, neue Erfahrungen zu sammeln.

In jener Zeit war sie privat stark gefordert. Innerhalb von dreieinhalb Jahren bekam sie drei Kinder: 1993 einen Sohn, 1995 und 1996 je eine Tochter. Selbst eine Frau wie sie, die stets betont, sie kenne keinen Stress, man müsse nur einen Schritt nach dem anderen tun, empfand diese Phase als »anstrengend und auslaugend«. Die Müdigkeit sei teilweise enorm gewesen. Ausserdem war das dritte Kind ungeplant gekommen und wirbelte das »setting« ziemlich durcheinander. Hatte die vierköpfige Familie vorher wunderbar in die Wohnung, ins Auto und in ein Zugabteil gepasst, stimmte jetzt überhaupt nichts mehr. Dennoch freute Amacker sich riesig und genoss den Streich, den ihr die Natur gespielt hatte: »Erstmals in meinem Leben musste ich mich nach dem Schicksal richten«, lacht sie, »und ich spürte, dass es mir guttat.« Daheim trägt sie nämlich den Übernamen »Monk«, nach dem für seinen Ordnungsspleen bekannten Detektiv aus der amerikanischen Fernsehserie. Sie sei tatsächlich extrem strukturiert und sehr darauf bedacht, alles unter Kontrolle zu haben, räumt sie ein. Das nicht geplante Baby habe sie zu mehr Gelassenheit gezwungen: »Anders wäre es nicht gegangen«, erinnert sie sich, »es blieb mir nichts anderes übrig, als mit dem Chaos zu leben und mir zu sagen: Das ändert sich eines Tages wieder.«

Immerhin hat ihr Mann von Anfang an mitgezogen. Noch in kinderlosen Zeiten hatte der promovierte Physiker sie mit der Aussage überrascht, er könne sich ein Teilpensum als Berufsmann vorstellen, wenn er einmal Vater werde. Nach der Geburt des Sohnes hielt er Wort und erkämpfte sich beim Bundesamt für Umwelt ein Job-Sharing mit einer Kollegin: er sechzig Prozent, sie vierzig. Ein solches Arbeitszeit-Modell war seinerzeit noch sehr ungewöhnlich, doch seine damalige Chefin, Bundesrätin Ruth Dreifuss, stand ihm positiv gegenüber und ermöglichte es. Der Spezialist für Feinstaub und Ozon hat dieses Pensum zwanzig Jahre lang beibehalten und ist dem Bund als Arbeitnehmer treu geblieben.

Es sei ein Glücksfall für sie, sagt Amacker, dass ihr Mann in Familie und Haushalt die klar wichtigere Rolle spiele. »Seine

Beziehung zu den Kindern ist deutlich enger als meine«, räumt sie ohne zu zögern ein. Er wisse im Alltag der Töchter und des Sohnes über alles Bescheid, »über jeden Sportanlass, jeden Schul-Event, jedes Ferienziel«. Sie hingegen werde ständig von ihren Kindern belächelt, weil sie vieles nicht mitbekomme: »Kein Wunder, hast du keine Ahnung, Mama. Du bist ja nie da!« Amacker findet es »völlig in Ordnung«, wie es bei ihnen daheim zu- und hergeht: »Mein Mann ist der häuslichere Typ und sorgt blendend für die Familie.« Sie hingegen sei viel stärker auf den Beruf ausgerichtet: »Meine Arbeit ist mir sehr lieb und gehört zwingend zu mir.«

Im Verlauf ihrer Karriere hat Amacker immer wieder überraschende Abzweigungen gewählt, Brüche in Kauf genommen und Abstürze riskiert – geleitet vom Wunsch, das zu machen, was ihrer Überzeugung entsprach und ihre Leidenschaft weckte. Die klassische Karriere hatte sie dabei nicht immer im Auge. Exemplarisch kam diese Flexibilität zum Ausdruck, als sie 1996 bei der Fusion von Ciba-Geigy und Sandoz zu Novartis angefragt wurde, ob sie für das Amt der Präsidentin der Angestelltenvertretung kandidieren wolle – kein wirkliches Karrieresprungbrett. Sie sagte nicht sofort Nein, schluckte aber leer und brauchte zwei Wochen Bedenkzeit sowie den Rat eines Coachs, um sich zu entscheiden. Wollte sie wirklich in dieser historischen Phase, in der 3500 Stellen abgebaut wurden, für die Angestellten auf die Barrikaden steigen, Sozialpläne verteidigen, sich in den Medien exponieren und mit den Firmenchefs die Klingen kreuzen? Mit jenen Männern, die sie bisher stets anständig behandelt hatten und ihr sicher weitere Karriereschritte ermöglichen würden?

Amackers Sprechtempo, das immer hoch ist, nimmt bei der Erinnerung an diese Weichenstellung nochmals zu. Man spürt, wie die Erinnerung an das damalige Dilemma sie erneut in Aufruhr versetzt. Sie habe Angst gehabt, alles bisher Erreichte zu entwerten und in eine berufliche Sackgasse zu geraten. »Rational betrachtet, war es wirklich absolut blödsinnig, diesen Job zu übernehmen«, konstatiert sie, »aber ich realisierte, dass es in dieser besonderen Situation unbedingt jemanden brauchte, der sich für die Angestellten einsetzte – und traute mir diese Aufgabe zu.«

Amacker ist eine Frau mit zwei Gesichtern. Da ist die Zögerliche, die fast defensiv wirkt, wenn sie die Qualen schildert, die sie häufig bei persönlichen Karriereentscheiden durchlitten habe. Anderseits hat sie Rückgrat, redet Tacheles und zeigt viel Unerschrockenheit und Konsequenz, wenn es um die Sache geht. Als Projektleiterin bei Ciba-Geigy machte sie eigenhändig eine bereits beschlossene Restrukturierung ihrer Abteilung rückgängig, indem sie es wagte, ihren Vorgesetzten die negativen Folgen vor Augen zu führen. Als Angestelltenvertreterin von Novartis drohte sie mit dem Rücktritt, weil sie glaubte, die zunehmende »Hire and fire«-Politik des Hauses nur auf diese Weise stoppen zu können. Damals machte im Management der Spruch die Runde: »Achtung, Frau Amacker steht auf dem Tisch!«, was gleichbedeutend war mit der Aussage, dass sie jetzt keinen Spass mehr vertrage. Es sei ihr klar gewesen, dass sie ihre Drohung bei Bedarf hätte wahr machen müssen: »Sonst wäre ich unglaubwürdig geworden.«

Nach zwei Amtsperioden beziehungsweise sechs Jahren, in denen sie neue Erfahrungen mit Lohnverhandlungen, Arbeitslosigkeit oder Vorsorge gesammelt hatte, war sie fällig für den nächsten Schritt. Firmenchef Daniel Vasella bot ihr die Stelle des Head of Diversity an und löste damit sein Versprechen ein, dass sie auch nach ihrer Zeit als Angestelltenvertreterin bei Novartis einen Platz auf sicher habe. Sie sagte zu, denn Gender-Themen hatten sie schon immer interessiert, aber auch andere Aspekte von Diversität wie der Umgang mit älteren, ausländischen oder homosexuellen Arbeitnehmenden.

Sie war sich der Brisanz dieses Wechsels bewusst, schliesslich wechselte sie in dieser Kaderfunktion wieder von der Arbeitnehmer- auf die Arbeitgeberseite. Es sei eine Zeit lang hart gewesen, mit der Skepsis von Kollegen klarzukommen, die ihr nicht mehr recht über den Weg trauten, sagt sie. Gleichwohl habe sich der Übergang einigermassen nahtlos vollzogen. Letztlich leistete sie sieben Jahre lang Gleichstellungsarbeit – und bewies beim Kampf um mehr Frauen an der Firmenspitze einmal mehr ihr angriffiges Naturell. Hatte der Frauenanteil im oberen Kader bei ihrem Stellenantritt erst 22 Prozent betragen, schraubte sie ihn im Laufe der Jahre auf über 30 Prozent hinauf. Das Erfolgsrezept? Novartis machte den Frauenanteil in Kaderpositionen zu einem Key-Performance-Indicator. Das heisst: Nur Vorgesetzte, welche die Quote erfüllen, bekommen den vollen Bonus ausbezahlt. Amacker grinst: »Nur so funktionierts.«

Dessen ungeachtet blieben die Erfolge andernorts bescheiden, und so riss ihr eines Tages der Geduldsfaden. 2013 nutzte sie einen Auftritt im Lokalsender Telebasel und verkündete, es würde sie nicht wundern, wenn die Politik der Wirtschaft irgendwann Frauenquoten verordne. Ihr waren die fünf Prozent Frauen in Geschäftsleitungsfunktionen der Top-100-Unternehmen hierzulande »einfach zu wenig«. Ihr Statement warf umso höhere Wellen, als sich Amacker bis dahin stets dezidiert gegen Quoten ausgesprochen hatte.

Nachdem sie sich nun jahrelang mit Firmenpolitik beschäftigt hatte, suchte sie etwas, das ihren Horizont erweiterte. Sie wollte mehr, und so zog es sie in die »richtige Politik«. Immer wieder hatten Leute lobend erwähnt, was für ein politisch denkender Mensch sie sei, gefragt, welcher Partei sie denn angehöre. Sie war zwar parteilos, doch die Idee, sich politisch zu engagieren, nahm zusehends Gestalt an. Sie fragte ihren Mann, was er davon halte, wenn sie der CVP beitreten würde. Dieser war nicht grundsätzlich dagegen, gab aber zu bedenken, dass die Kinder noch sehr klein seien und sie noch etwas warten solle. Sie erwiderte, dass Politik einen langen Atem erfordere, und wer in zehn Jahren einen anständigen Posten wolle, müsse jetzt Zeichen setzen. Er schmunzelte und gab zurück, er befürchte, dass es bei ihr schneller gehen werde. Wenige Wochen später war sie als Mitglied der Parteileitung der CVP Baselland verantwortlich für PR und Kommunikation. Fünf Jahre nach dem Gespräch mit ihrem Mann sass sie bereits im Nationalrat.

Daran hatte Novartis-Chef Vasella grossen Anteil. Ihren Entschluss, zu kandidieren, hatte er positiv aufgenommen und sie sogar dazu ermuntert. Es sei nicht schlecht, wenn Novartis in Bern künftig noch besser vertreten sei. Seine Reaktion, so Amacker, hätte auch anders ausfallen können. Er hätte ihr beispielsweise »Verzettelung der Kräfte« vorwerfen können. Dann hätte sie auf ihre Kandidatur verzichtet, sagt sie, »wenn auch ungern«.

In jener Zeit beanspruchte sie ihr Hundert-Prozent-Job bei Novartis »gut und gern 120 Prozent«. Als das Nationalratsmandat dazukam, habe ihr die Firma zugestanden, dass sie verschiedene Projekte zurückfuhr oder komprimierte. Als Nationalrätin bewirtschaftete sie nebenbei »21 Mandätli«, wie etwa das Präsidium des Verbands Soziale Unternehmen beide Basel. Auf diesem Weg gelang es ihr, die Nähe zu ihrer Wählerschaft aufrechtzuerhalten.

Natürlich gab ihre Mehrfachbelastung als Berufsfrau, Politikerin und Mutter zu reden. Als ihr die Frage, wie sie es denn mit den Kindern handhabe, langsam »auf den Geist ging«, gab sie mit ernster Miene immer wieder dieselbe Antwort:

»Kein Problem! Sie sind zusammenklappbar und lassen sich morgens prima in einer Schublade verstauen. Abends nehmen wir sie dann wieder raus.« Von da an habe sie Ruhe gehabt.

Nach dem Novartis-Engagement mit den vielen Seitwärtsentwicklungen kam Amacker die überraschende Anfrage, ob sie als Kommunikationschefin und Konzernleitungsmitglied zur Swisscom wechseln wolle, gerade recht. Sie hatte einen solchen Karrieresprung zwar überhaupt nicht geplant, vollzog ihn aber gern. Der Preis dafür war der Rücktritt aus dem Nationalrat, nur drei Jahre nach ihrer Wahl. Ein Reglement des Bundes untersagt die Kombination des politischen Mandats mit einer Geschäftsleitungsfunktion in einem halbstaatlichen Betrieb. Sie identifizierte sich schnell mit ihrem neuen Arbeitgeber, schätzte Carsten Schloter, den inzwischen verstorbenen CEO des Unternehmens, und merkte deutlicher denn je, wie sehr sie es genoss, in einem Grossunternehmen mit nationaler, ja internationaler Ausstrahlung an verantwortlicher Stelle zu arbeiten. Die Macht, als Mitglied der Konzernleitung die Firmengeschicke mitzubestimmen, reizte sie.

Umso härter traf sie ein Restrukturierungsentscheid, der sie direkt in Mitleidenschaft zog. Die Konzernleitung sollte um fünf Funktionen verkleinert und das Themenfeld ihrer Abteilung deutlich reduziert werden. Weil sie »keine Delle in meiner Berufsbiografie« wollte, sagte sie zu, als Andreas Meyer, oberster Chef der SBB, ihr in jenen Tagen das Amt der Leiterin Kommunikation und Public Affairs anbot, wiederum verbunden mit einem Sitz in der Konzernleitung, aber auch thematisch deutlich anspruchsvoller als am vorherigen Arbeitsplatz. Seit Mai 2013 steht sie nun der grössten Firmen-Kommunikationsabteilung der Schweiz vor, die zehn Mediensprecher beschäftigt und täglich mindestens fünfzig Anfragen von Journalisten und Redaktorinnen beantwortet. Selber beschäftigt sie sich vor allem mit strategischen Aufgaben wie der Wertsteigerung der Marke SBB oder der längerfristigen Sicherung der Firmenglaubwürdigkeit.

Auch bei den Bundesbahnen integrierte sich Amacker schnell. Im Rahmen eines Teambildungs-Events nahm sie an einem »Ausflug« der Konzernleitung teil, der auf Wunsch Meyers aufs Breithorn, einen veritablen Viertausender, führte. Und das, obwohl ihre Lunge eigentlich zu wenig robust für Aktivitäten in solcher Höhe ist und sie eine Spezialabsprache mit dem Bergführer treffen musste. »Der Termin stand in der Agenda«, lacht sie.

Amacker geniesst ihre Tätigkeit bei den SBB auch deshalb, weil sie merke, »dass ich hier aus allen Töpfen schöpfen kann, die ich im Laufe meiner langen, weitverzweigten Klettergerüst-Karriere gefüllt habe«. Besonders freue sie, dass mit der Personenverkehrs-Chefin Jeannine Pilloud eine zweite Frau in der Konzernleitung vertreten sei. Sie registriert mit Genugtuung das Bestreben von CEO Meyer, Frauen an die Spitze zu holen. Inzwischen beträgt deren Anteil im Topmanagement bereits zwanzig Prozent, und das soll noch nicht alles gewesen sein.

Technik macht Spass und selbständig

Deborah Diggelmann ist eine der wenigen Frauen in der Schweiz, die den Beruf der Konstrukteurin gelernt haben. Angst vor der Technik hatte sie noch nie. Ganz im Gegenteil: Schon als Kind konnte sie Autoräder wechseln.

Ihr Vater, von Beruf Schreiner und Zimmermann, hatte eine Engelsgeduld und las seiner kleinen Tochter alle Wünsche von den Augen ab. So baute er ihr für jede Puppe ein eigenes Häuschen, welches das kleine Mädchen dann einrichten konnte. Das tat Deborah Diggelmann wesentlich lieber, als mit ihren Puppen Mutter und Kind zu spielen. Genauso wie sie ihre chinesische Kindernähmaschine lieber auseinandernahm, um herauszufinden, wie sie funktionierte, als mit ihr zu nähen. Als sie älter wurde, zimmerte ihr Vater für sie eine Baumhütte, die sogar einen Balkon hatte.

Handwerkliches Geschick vermittelte ihr auch die Grossmutter väterlicherseits, eine Bauersfrau. Mit ihr bastelte sie Salzteigfiguren und Purzelmännchen. Und Grossvater Kurt, der Vater ihrer Mutter, liess die Kleine jederzeit durch sein Töff- und Velogeschäft stolpern. Er erklärte ihr mit der Hingabe des Bastlers und Tüftlers, dass man verschiedene Schrauben unterscheiden müsse, die alle einen eigenen Namen hätten, und dass es nicht nur Schraubenschlüssel, sondern auch Gabelschlüssel und Imbusschlüssel gebe. Damit sie sich in der Werkstatt nicht so dreckig machte, steckte er sie in einen kleinen Arbeitskittel, in dem sie wie eine Angestellte aussah.

Der Grossvater verkaufte sein Geschäft, als er mit der Produktion von Rührwerken, die beispielsweise die Pharmaindustrie zum Mischen von Blut braucht, immer mehr Erfolg hatte und sich auch auf dem internationalen Markt durchzusetzen begann. Seine Enkelin war fasziniert von den »Vibromischern« und liess sie sich von ihm bis ins letzte Detail erklären. Sie kapierte auf der Stelle, was er ihr erzählte: »Ich verfügte offenbar schon früh über ein gewisses technisches Verständnis«, sagt die inzwischen 21-jährige Deborah Diggelmann, »und traute mir mega viel zu, weil mein Grossvater mir immer das Gefühl vermittelte, ich sei in diesem Bereich mindestens so clever und geschickt wie ein Bub.«

Mit dieser Gewissheit ging sie auch als Elfjährige zu Werk, als ihre Mutter auf einem Ausflug mit dem Auto beim Zurücksetzen den Randstein rammte, worauf ein Reifen platzte. Ihre Mutter sei nicht einmal in der Lage gewesen, daheim eine Glühbirne zu wechseln, erzählt Diggelmann und verzieht das Gesicht. Weil sie folglich auch hilflos am Strassenrand stand, griff ihre kleine Tochter beherzt zu: Schrauben lösen, Wagenheber ansetzen, Auto hochstemmen, Rad runter, neues Rad rauf, Schrauben reindrehen. Das sei für sie ganz einfach gewesen, schliesslich habe sie ihrem Opa in seiner Velo- und Töffwerkstatt hundertmal beim Radwechsel zugeschaut und ihm auch mehr als einmal zur Hand gehen dürfen. Kein Wunder, war es dann auch Debby, wie sie alle nennen, die ihrer Mutter ein, zwei Jahre später die neuen Ikea-Möbel zusammenbaute: »Sie war völlig planlos vorgegangen«, erinnert sie sich, »und hatte alles falsch gemacht, was man nur falsch machen kann.«

Die Hilflosigkeit ihrer Mutter schreckte sie ab. Niemals wollte sie so unselbständig und auf die Unterstützung anderer angewiesen sein. Nein, sie würde ihren Alltag selber bewältigen, ihre Wohnung allein einrichten, Lampen aufhängen, Reparaturen im Haushalt erledigen und nie im Leben einen Mann benötigen, der ihr all das abnahm. »Mein Selbstbehauptungswille«, sagt sie, »war schon immer gross und führte automatisch dazu, dass ich mich noch stärker für technischhandwerkliche Dinge interessierte.«

Als sie sich dann mit sechzehn für eine Lehre entscheiden musste, wählte sie den Beruf der Konstrukteurin. Sie realisierte erst im Nachhinein, dass sie damit exakt den Weg einschlug, den ihr Grossvater gegangen war. Er erklärte ihr, dass seine damalige Arbeit am Zeichenbrett nichts anderes gewesen sei als das, was sie heute am Computer machte. Sein Stolz auf die Enkelin, die sich in eine ausgesprochene Männerbastion vorwagte und erst noch gute Noten nach Hause brachte, sei riesig gewesen. Wäre sie älter gewesen, hätte er ihr sofort seine Vibromischer-Firma übergeben, als er in jener Zeit in Rente ging.

Doch die junge Frau stand erst am Anfang. Sie hatte Glück, als sie beim Schlüsselhersteller Kaba in Wetzikon im Zürcher Oberland eine Lehrstelle in der Abteilung Maschinenbau fand. Es sei nämlich alles andere als eine Selbstverständlichkeit, als Frau in einem so stark techniklastigen, männerdominierten Umfeld unterzukommen. Bei Kaba fühlte sie sich gut aufgehoben und hatte nie den Eindruck, man behandle sie wie eine Exotin: »Im Gegenteil. Ich fand es von Anfang an super, mit Männern zusammenzuarbeiten. Sie sind kollegial, zicken nicht herum und tratschen nicht so viel hinter dem Rücken ihrer Kollegen.«

Diese Haltung kam ihr auch in der Berufsschule in Rüti zugute, wo sie die einzige Frau in einer Klasse mit siebzehn Männern war. Dasselbe dann bei der Berufsmatura, die sie gleichzeitig absolvierte. Den sechsmonatigen überbetrieblichen Basislehrgang, in den verschiedene Firmen ihre Lehrlinge zu Beginn der Ausbildung schicken, besuchte sie gemeinsam mit einer Frau – und 23 jungen Männern. Doch damit kam sie gut zurecht.

Nur unter den Lehrkräften gab es einzelne, die ihr das Leben schwer machten. Da war beispielsweise jener ältere Lehrer, der offenbar Mühe hatte mit einer Siebzehnjährigen, die nicht nur als einzige Frau in eine Männerdomäne eindrang, sondern auch noch Aufsehen mit ihrem mal pink, mal blau gefärbten Irokesenkamm erregte. In der ersten Lektion habe er sie sinngemäss aufgefordert, sie solle doch heimgehen und sich an den Herd stellen. Was sie hier überhaupt suche? Später habe er ihren Zeichenstil lächerlich gemacht und geschnödet, man sei hier nicht im Kunstunterricht. Bevor sie etwas erwidern konnte, seien schon einige ihrer Klassenkameraden vorgeprescht und hätten sich für sie gewehrt. Das freute sie. Doch das Verhältnis zum Lehrer war von jenem Moment an angespannt. Statt sich davon beeinträchtigen zu lassen, setzte der Konflikt ungeahnte Kräfte in ihr frei, und sie beendete das Fach im ersten Jahr mit der Note 5,5. Von da an machte der Lehrer keine Sprüche mehr. »Gute Leistungen«, konstatiert sie nüchtern, »sind immer das beste Mittel, um sich als Frau Respekt zu verschaffen.«

Was aber genau macht sie als Konstrukteurin? Auf den kürzesten Nenner gebracht: Sie erfindet Maschinen oder zumindest Bestandteile. Das läuft dann so: Der Auftraggeber hat ein Problem mit einem Arbeitsablauf. Um es zu lösen, braucht er eine neue Maschine oder eine Verbesserung an der alten. Die Aufgabe der Konstrukteurin ist es nun, diese Maschine zu entwickeln und die benötigten Teile am Computer mit einem dreidimensionalen CAD-Programm zu zeichnen. Nach der Prüfung durch ihre Vorgesetzten gibt sie den Entwurf an die Werkstatt weiter, wo die neue Maschine gebaut oder eine bereits bestehende optimiert wird. Die Konstrukteurin kontrolliert schliesslich, ob alles rundläuft und ihr Produkt den Kundenwünschen entspricht.

Das Faszinierende an ihrer Arbeit, sagt sie sichtlich begeistert, sei die Konfrontation mit Maschinen, die sie mitunter überhaupt nicht kenne. Da werde sie vor ein solches »Teil« gesetzt und müsse beobachten und analysieren, wie es funktioniere, was in welcher Abfolge passiere und wo sich die Schwachstellen verbergen: »Megaspannend!« Der zweite Schritt erfordere dann in erster Linie Kreativität: »Nun muss ich etwas Neues entwickeln.«

Die Lehre als Konstrukteurin dauert vier Jahre. Gelehrt wird, wie man zeichnet, rechnet und mit dem CAD-Programm arbeitet. Fertigkeiten wie Drehen, Fräsen und Metall verarbeiten werden ebenfalls geschult. Klar, hätten die Kollegen oder Vorgesetzten ihr ein bisschen intensiver auf die Finger geschaut als einem Mann, sagt Deborah Diggelmann, »vor allem um zu überprüfen, ob ich handwerklich gut bin«.

Offenbar ist sie gut. Denn nachdem sie ihre Ausbildung abgeschlossen und gleichzeitig die Berufsmatura bestanden hatte, ermöglichte Kaba ihr, weitere fünf Monate zu bleiben, obwohl es eigentlich keine freie Stelle mehr gab. Sie war überglücklich, nicht nur, weil sie endlich um die 4000 Franken monatlich verdiente und nicht länger mit Beträgen zwischen 600 und 1300 Franken klarkommen musste, sondern auch, weil sie die Anerkennung wahrnahm, die mit dieser Sonderregelung zum Ausdruck kam. »Ich bin, glaube ich, handwerklich sehr geschickt«, sagt sie, »und habe ein wirklich gutes dreidimensionales Vorstellungsvermögen – ohne wäre ich in meinem Beruf aufgeschmissen.« Auch im Töpfer- und Modellierkurs, den sie schon lange gemeinsam mit ihrer Grossmutter besucht, arbeitet sie stets ohne Vorlage: »Ich sehe jedes Objekt, das ich machen will, vor meinem inneren Auge.«

Fragt man sie, warum sich Frauen so schwertun mit technischen Berufen, überlegt sie lange. Der Wahrheit zuliebe müsse man schon zur Kenntnis nehmen, dass viele Frauen über ein sehr schwach entwickeltes dreidimensionales Vorstellungsvermögen verfügen: »Sie können sich aufgrund der abgebildeten Frontansicht eines Objekts nicht vorstellen, wie dessen Rückseite aussieht.« Vielleicht interessiere viele so etwas gar nicht, vielleicht liege es auch in den Genen oder sei anerzogen. Sie wisse es nicht. Was sie hingegen mit Bestimmtheit sagen könne, sei, dass den Frauen in technischen Berufen immer noch viele Steine in den Weg gelegt würden. Von einer Kollegin, die kürzlich auf Stellensuche war, hat sie haarsträubende Geschichten gehört. Mehr als einmal hiess es: »Sie als Frau? Warum wollen ausgerechnet Sie einen Job wie Konstrukteurin machen?« Am schlimmsten sei es in kleinen »Hinterwäldlerfirmen« mit älteren Chefs. Dort müsse man wirklich mit enorm viel Geringschätzung rechnen und brauche ein grosses Selbstbewusstsein, um sich nicht unterkriegen zu lassen.

Das hat Deborah Diggelmann zweifellos. Sie kann sich sehr gut ausdrücken und erzählt, dass sie schon früh ihre eigene Meinung hatte, die sie, wenn nötig, auch gegenüber ihren Eltern, Grosseltern oder ihren Lehrern kundtat. Auch mit ihrem auffälligen Äusseren, ihren ständig wechselnden Frisuren und Haarfarben, den Leggings, karierten Miniröcken, T-Shirts aus Spitze oder bedruckt mit ihren bevorzugten Heavy-Metal-Bands, schliesslich mit ihren drei Piercings, dem Snake-Bite, der Medusa und dem Eskimostich, wie sie fachgerecht aufzählt, erregt sie nicht nur Aufmerksamkeit, sondern manchmal auch Ärger. Ihr Grossvater, der sie über alles liebt, sei entsetzt gewesen über die Piercings und habe sich eine Zeit lang geweigert, mit ihr am selben Tisch zu essen: Es sei »gruusig«, ihr zuzuschauen; immer wenn sie kaue, würden sich ihre Piercings bewegen. Diggelmann lacht unbekümmert. Immerhin hat sie bei der Kaba ihren Chef vorgängig gefragt, ob er etwas gegen den Gesichtsschmuck habe.

Denkt sie an ihre Zukunft, ist sie zuversichtlich. Seit letztem Herbst ist sie in der Metallwarenfabrik Schätti in Schwanden (GL) angestellt und konstruiert Blechteile für Möbel, Kaffeemaschinen und Schweissvorrichtungen. Hätte sie nicht sofort eine Stelle gefunden, sagt sie, wäre sie sich auch nicht zu schade gewesen, im Service oder anderswo zu jobben. Hauptsache, ihr Curriculum weise keine Lücken auf. Was ihr für später vorschwebt, ist ein Studium der Robotik. »Industrieroboter programmieren«, sagt sie hingerissen, »das wäre mein Traum.«

No Guts, No Glory

Selten melden Frauen ihre Karrierewünsche so ungeniert an wie die Luzernerin Andrea Bleicher. Mit dreissig prognostizierte sie, innert zehn Jahren »Blick«-Chefredaktorin zu sein. Sie wurde es, wenn auch nur vorübergehend. Aber immerhin!

Machen wir um drei Uhr ab, trifft sie bereits um fünf vor drei ein. Sind wir um zehn verabredet, klackern ihre hochhackigen Stiefeletten schon etliche Minuten vorher durchs Lokal. Andrea Bleicher ist ein pünktlicher Mensch, und ihre SMS beantwortet sie in Windeseile. Der Bitte, sich für dieses Buch porträtieren zu lassen, entspricht sie ohne grosses Aufheben. Keine Fragen, keine Bedingungen, eine simple Zusage: »Ja.« Es ist angenehm, mit einer so unkomplizierten, gleichzeitig aber auch disziplinierten Person zu tun zu haben, die ihr Gegenüber genauso selbstverständlich duzt, wie sie ihm klaglos mehrere Stunden für ein Interview einräumt.

Begegnet man ihr zum ersten Mal, staunt man, wie jung, ja mädchenhaft Andrea Bleicher wirkt. Dazu mögen ihre schmale, hochaufgeschossene Figur beitragen, der dunkle Pagenkopf oder die schwarz gerahmte Brille, wie sie seit einiger Zeit Mode ist. Vielleicht ist es auch ihre langsame, fast ein wenig schleppende Art, zu reden – ein Gemisch aus dem ländlich anmutenden Luzerner Dialekt und einigen deftigen Anglizismen (»fucking bitch«). Das passt nicht unbedingt zum Bild einer urbanen Frau, die vierzig ist und in den grossen Zürcher Verlagshäusern Karriere gemacht hat. Unweigerlich überlegt man sich: Darf man als Chefredaktorin des »Blicks«, der grössten Schweizer Tageszeitung, so aussehen beziehungsweise so wirken?

Diese Frage stellten sich auch viele Fernsehzuschauer, die Bleicher erstmals bei »Schawinski« sahen. Sie war beim »Blick« soeben abgesetzt worden und damit eine perfekte Kandidatin für den heissen Stuhl. Da sass eine zierliche junge Frau, oft verlegen lachend und genauso oft um eine Antwort ringend, bis Schawinski sie fragte: »Was weisst du eigentlich?« Kam sie mal auf den Punkt, erstaunte ihre saloppe Direktheit: »Das war ein Riesenscheiss.«

Die Twitter-Gemeinde urteilte gnadenlos und sprach der Journalistin die Glaubwürdigkeit ab. Mangelnde Reife, fehlende TV-Tauglichkeit, »hibbelig« wie eine frischgebackene Primarlehrerin, lautete das Verdikt. Sie selber kommentiert ihren Auftritt gelassen: »Wenn du als Frau ins Fernsehen gehst, kannst du nur verlieren. Für die einen bist du die Zicke, für die anderen das ›Huscheli‹. Man kann es nie allen recht machen. So what!«

Bereits ihre Ernennung hatte zu reden gegeben, war sie doch die erste Frau an der Spitze des Boulevardblatts. Die Geschichte barg Zündstoff. Nachdem der »Blick« seit Jahren an Auflage verloren hatte, Chefredaktoren wie Fussballtrainer gekommen und gegangen waren und zuletzt auch der Deutsche Ralph Grosse-Bley gescheitert war, ein Mann fürs Grobe, richteten sich alle Augen auf die erste Frau, die nicht nur mutig, ja geradezu waghalsig erschien, sondern auch hübsch anzusehen war. Gleichzeitig verbreitete sich die Kunde, dass Bleicher

Mutter zweier kleiner Kinder sei, die beim Vater in Deutschland lebten – und nicht bei ihr. Die Fantasien wucherten, das Urteil war schnell gefällt: Rabenmutter, die ihrer Karriere alles unterordnet.

Strafverschärfend wirkte das Gerücht, dass sie schon als Jugendliche beschlossen habe, eines Tages »Blick«-Chefin zu werden. Welche Vermessenheit! Bleicher lacht. Das stimme ja gar nicht. Sie habe damals lediglich den Wunsch geäussert, Journalistin zu werden. Die Vorstellung, in einer glamourösen Welt zu arbeiten, habe sie genauso fasziniert wie die Aussicht, das zum Beruf zu machen, was sie schon damals am liebsten getan habe: lesen und schreiben.

An Bleicher beeindruckt, wie ungeniert sie ihre Ansprüche anmeldet und wie hartnäckig sie ihre hoch gesteckten Ziele verfolgt. Bei der akademischen Berufsberatung erfuhr sie, dass sie eine Buchhändlerlehre machen oder eine Journalistenschule besuchen müsse, wenn sie sich ihren Berufstraum erfüllen wolle. Sie tat beides.

Als sie am selben Abend durch die Altstadt von Luzern bummelte, entdeckte sie am Schaufenster einer Buchhandlung einen Zettel: »Lehrtochter gesucht«. Beherzt trat sie ein und unterschrieb nach einem kurzen Gespräch einen Lehrvertrag. Drei Jahre später war sie Buchhändlerin, mochte aber nicht länger an der Verkaufsfront stehen, wo sie die Kundschaft oft als unanständig und ruppig erlebte. Und sowieso wollte sie ja Journalistin werden.

Sie schaffte es, sich einen der raren Plätze an der Ringier-Journalistenschule in Zofingen zu ergattern. Im Rahmen der Ausbildung absolvierte sie ein mehrmonatiges Praktikum beim »Blick«, ihrer sogenannten Stammredaktion.

Sie habe diese Zeit geliebt, schwärmt sie. Obschon erst Praktikantin, schickten sie ihre Kollegen an Anlässe aller Art:

»Genial war, dass ich nach dem Tod von Lady Diana nach London fliegen und über die Beerdigungsfeier berichten durfte.« Diana war zwar bis zu jenem Zeitpunkt nicht ihre Welt. Trotzdem hatte Bleicher keine Ressentiments gegenüber dem Boulevard. Die Vorstellung, intelligent wie sie sei, müsse sie mindestens bei der »Neuen Zürcher Zeitung« arbeiten, sei ihr fremd.

Andrea Bleicher kommt aus Buchrain, einer typischen Luzerner Agglomerationsgemeinde, die heute 6000 Einwohner zählt – in ihrer Kindheit waren es knapp 3000. Viele Menschen dort arbeiten bei der Migros, die anderen sind mehrheitlich beim Aufzugsfabrikanten Schindler angestellt. Die jungen Mädchen möchten im besten Fall das KV machen, die Burschen liebäugeln mit einer Bank- oder einer Automechanikerlehre.

Bleicher wuchs in bescheidenen Verhältnissen auf: Der Vater, eine ungelernte Hilfskraft, war Ausläufer bei einem Metzger und wurde später Gewerkschaftssekretär; ihre Mutter arbeitete als Schuhverkäuferin, bevor sie sich nach der Geburt der ersten ihrer vier Töchter als Familienfrau ins Haus zurückzog. Dass auf diesem Boden die erste Chefredaktorin des grössten Schweizer Boulevardblatts heranwachsen würde, hätte seinerzeit wohl kaum jemand prophezeit.

Die kleine Andrea war das Nesthäkchen, das sich relativ bequem auf den Bahnen durchs Leben bewegte, die ihre rund zehn Jahre älteren Schwestern vorgespurt hatten. Sie war ein lebhaftes Mädchen, das mit den Kindern im Quartier auf Schnitzeljagd oder schlitteln ging. Ihre Mutter, weder Spiel- noch Bastelmama, schickte sie am liebsten hinaus, wo es ja genügend Gleichaltrige gab. War sie daheim, las sie alles, was ihr in die Finger kam: »Hanni & Nanni«, »Fünf Freunde …«, aber auch Romane für Erwachsene. Schon früh begann sie mit der Zeitungslektüre, brachte ihr Vater doch jeden Tag das »Vaterland«, die NZZ und den »Blick« vom Kiosk mit nach Hause.

Dass die Familie kein Auto besass, nie ins Ausland in die Ferien ging und ihren Töchtern auch keine Tennis- oder Reitstunden ermöglichen konnte, realisierte Bleicher damals nicht. Was sie hingegen sehr genau wahrnahm, war die Aufforderung ihrer Mutter, eines Tages Anwältin zu werden, dann sei sie unabhängig und verdiene ihr eigenes Geld. Wie wichtig das eigene Geld war, erkannte sie auch daran, dass ihre Mutter grossen Wert darauf legte, die Familienfinanzen zu verwalten, um ohne Rücksprache mit ihrem Mann Geld abheben und ausgeben zu können.

Bis sie als einziges Mädchen aus ihrem Dorf ans Gymnasium in Luzern wechselte, war Andrea Bleicher ein richtiges »Landei«. An ihrem ersten Schultag in der Stadt brachte sie noch die Hausschuhe, ihre »Finken« mit. So war sie sich das von Buchrain (»Bueri«, wie sie es nennt) gewöhnt, wo sie eine glückliche Zeit verbracht hatte. Sie habe sich lange überhaupt nicht vorstellen können, aus dem Dorf wegzuziehen. Doch Luzern, der Vierwaldstättersee, die Cafés und Kinos, die vielen neuen Leute hatten auch ihren Reiz. Erstmals traf sie Kinder, die aus reichen Familien stammten. Mädchen und Buben aus Meggen beispielsweise, die in einer Villa am See wohnten.

Nachdem sie die Ringier-Journalistenschule beendet hatte, wurde sie Reporterin beim »Blick« und verdiente nun erstmals selber schönes Geld. Sie winkt ab: »Geld war nie meine Triebfeder, mich motivieren spannende Aufgaben, herausfordernde Jobs und Menschen, mit denen ich gern zusammenarbeite.« Zum Beispiel Wolfram Meister, der damalige »Blick«-Chef, dem sie genau auf die Finger schaute. Er sei ein grossartiger Chefredaktor gewesen, erzählt sie. Er habe es verstanden, ein gutes Team zusammenzustellen, habe seinen Leuten Vertrauen entgegengebracht, sie uneingeschränkt machen lassen und dadurch eine Superstimmung auf der Redaktion erzeugt.

Als Meister die Pendlerzeitung »Metropol« übernahm, folgte sie ihm und erlebte die »genialste Zeit meiner bisherigen Karriere«. Sie wurde Blattmacherin und arbeitete jeden Tag bis spätabends. Der Job sei streng gewesen, erinnert sie sich, habe sie aber nie überfordert. Selten habe ihr die Arbeit so viel Spass gemacht.

»Metropol« erlitt gleichwohl Schiffbruch, und Bleicher zog als Inland-Reporterin weiter zur »SonntagsZeitung« von Tamedia. Mit knapp dreissig sagte sie dort im Kollegenkreis, dass sie mit spätestens vierzig »Blick«-Chefredaktorin sein werde. Gelächter in der Runde: »Guter Witz, Andrea!« Frauen wie sie werden gern unterschätzt.

Zunächst machte Bleicher aber einen Umweg und wurde Mutter: 2003 kam Sophie zur Welt, zwei Jahre später Niklas. Ihr damaliger Mann, ein Journalist des deutschen Nachrichtenmagazins »Focus«, bezog seinen einjährigen Elternurlaub und lebte mit Frau und Tochter in Zürich, wo er sich der Familienarbeit widmete.

Als er nach Frankfurt zurückkehrte, war die Kindsmutter unter der Woche allein für den Nachwuchs zuständig. Die Arbeitszeiten auf der »SonntagsZeitung« spielten Andrea Bleicher in die Hände: Montags hatte sie frei, dienstags bis freitags waren die Kleinen in der Krippe; am Samstag übernahm der angereiste Vater.

Als die Stelle des Nachrichtenchefs neu zu besetzen war, meldete sie ihr Interesse an. Diesen Job traute sie sich zu. Sie brauchte bloss an die legendäre Zeit als Blattmacherin bei »Metropol« denken, und wenn sie sich vergegenwärtigte, wer bisher Nachrichtenchef bei der SoZ gewesen war oder sich nun mit ihr um den Posten bewarb, wusste sie: »Das kann ich auch.« Doch der damalige Chefredaktor war der Meinung, dass eine junge Mutter mit zwei kleinen Kindern von dieser Arbeit überfordert sei. Er bot ihr stattdessen die Stelle der Vize-Nachrichtenchefin an: »Ein Scheissjob«, flucht sie noch heute. Sie bedankte sich höflich und wechselte zu Ringier, wo sie Nachrichtenchefin beim »Blick« und später der gesamten »Blick«-Gruppe wurde. Chefredaktor Ralph Grosse-Bley machte sie überdies zu seiner Stellvertreterin. Das waren Karriereschritte ganz nach ihrem Geschmack. Sie genoss die Freiheit, zusehends mehr beeinflussen und mitgestalten zu können.

Auch in familiären Dingen handelte Bleicher entschlossen und pragmatisch. Als sich zeigte, dass die Abenddienste beim »Blick« unvereinbar waren mit der Betreuung ihrer Kinder, fand sie eine Lösung, die das gängige Rollenmodell sprengte: Sie wusste, dass ihr Mann ein toller Vater war, besser als sie in der Rolle der Mutter. So beschloss das Paar, dass er zusammen mit den Kindern in der Nähe von Frankfurt ein grosses Haus beziehen würde und die beiden später auch in Deutschland eingeschult werden sollten.

»Natürlich ist es mir schwergefallen, meine Tochter und meinen Sohn gehen zu lassen«, beteuert Bleicher, »aber nach den zwei Jahren, in denen ich sie fast allein betreut hatte, war es auch unheimlich befreiend, wieder einmal in den Ausgang zu gehen oder am Abend in Ruhe ein Buch lesen zu können.« Vorher sei es häufig passiert, dass sie die Kinder abends um acht Uhr ins Bett gebracht habe und vor lauter Erschöpfung gleich mit eingeschlafen sei.

Seither besucht sie ihre Kinder einmal pro Woche, manchmal nur einen Tag lang, manchmal drei, in den Ferien bleibt sie länger. An diesem Rhythmus hält sie eisern fest. Daran hat auch die Trennung vom Kindsvater nichts geändert: »Im Gegenteil. Wir verstehen uns immer noch so gut, dass ich die Tage in Frankfurt mit ihm und den Kindern gemeinsam verbringe.«

Natürlich entgeht ihr die Skepsis nicht, die ihr entgegenschlägt, sobald sie von ihrem unkonventionellen Familienmodell erzählt: Kinder im Ausland, Mutter macht steile Karriere in der Schweiz. Das kann ja nicht gut gehen! Doch sie sei überzeugt, dass sie dank ihrem kontinuierlichen Kontakt eine intensive Beziehung zu ihren Kindern aufgebaut habe. Klar, sei sie auf Pubertätskonflikte gefasst, in denen ihr Sohn oder ihre Tochter ihr vielleicht an den Kopf werfen: »Was willst denn du mir erzählen? Du bist ja eh nie da!« Auch die Zeit, wenn die beiden »keinen Bock mehr haben, mit dem Mami in den Zoo zu gehen«, sondern lieber mit ihren Freunden unterwegs sein wollen, werde wohl herausfordernd: »Welche Rolle soll ich bekleiden«, fragt sie, »wenn ich dann nur für zwei, drei Tage auf Besuch bin?«

Als wir uns zum zweiten Mal treffen, hat sie auf jeden Fall ihre Reisetasche dabei und fliegt im Anschluss an unser Gespräch nach Frankfurt. »Wenn ich nicht wüsste, dass Marco so ein guter Vater ist«, sagt sie noch, »hätte ich ein schlechteres Gewissen, als ich es natürlich immer ein bisschen habe. Aber ich weiss, dass es unseren Kindern an nichts fehlt.«

Diese Sicherheit erlaubte ihr auch, sich voll auf ihre Arbeit beim »Blick« zu konzentrieren, die sie oft von morgens halb acht bis gegen elf Uhr nachts auf Trab hielt. Sie mochte die Tätigkeit als Nachrichtenchefin auch deshalb, weil sie jemand ist, dem es schnell langweilig wird und der viel Abwechslung braucht.

Mit der Zeit hatte sie vierzig Leute unter sich, darunter immer mehr Frauen. Auch ihre Stellvertretung hatte sie einer

Frau anvertraut. »Ich schätze es sehr, mit Frauen zusammenzuarbeiten«, konstatiert sie, »sie sind sehr belastbar, fleissig, bestens organisiert und leisten gute« – sie grinst – »wenn nicht bessere Arbeit.« Dazu seien sie selbstkritisch und würden ihre eigenen Fähigkeiten wesentlich realistischer einschätzen als die meisten Männer.

Das Vorurteil, Frauen untereinander seien »bitchy« und stutenbissig, könne sie nicht bestätigen: »Es ist Führungssache, solche Tendenzen zu erkennen und sofort abzuklemmen.« Einer Mitarbeiterin habe sie einmal gesagt, nicht jede andere Frau sei ihre Konkurrentin; sie müsse es schaffen, mit ihren Kolleginnen entspannter zusammenzuarbeiten.

Direktheit, Transparenz und Nachvollziehbarkeit sind denn auch jene Werte, die sie als erste nennt, wenn sie ihren Führungsstil beschreibt. Dazu brauche es auch Respekt gegenüber den Mitarbeitenden; ein Sonnenkönig, der seine Untertanen drangsaliere, scheitere früher oder später. Aber auch eine beliebte Chefin müsse Nein sagen können. Manchmal sei es unerlässlich, Widerstand zu leisten: »Vergiss den ›Seich‹! Das machen wir jetzt nicht.«

In den sieben Jahren, in denen Andrea Bleicher Nachrichtenchefin war, wurde der Newsroom eingeführt, was eine völlige Neuorganisation von »Blick«, »SonntagsBlick«, »Blick am Abend« und »Blick online« erforderte. Sie wuchs in dieses »spezielle Konstrukt« hinein und war demnach bestens damit vertraut, als sich der Abgang von »Blick«-Chef Grosse-Bley abzeichnete.

Sie sei gut mit ihm ausgekommen, sagt sie, aber seinen Führungsstil, der stark von seiner Zeit bei der deutschen »Bild« geprägt sei – militärische Befehlsausgabe und enormer Leistungsdruck bei gleichzeitig harscher Kritik – hätten viele Leute nicht ertragen. »Da lag beispielsweise eine tolle

›Blick‹-Ausgabe auf dem Tisch, die Redaktion hatte 99 Punkte erreicht, und er bemängelte, dass sie nicht auch noch den hundertsten geholt hatte, statt ›Super!‹ zu sagen.«

Dann war er weg, mit ihm der zweite Stellvertreter, und ein Blattmacher für den Abend fehlte auch noch. Die Diskussion um Grosse-Bleys Nachfolge begann; ein Entscheid musste gefällt werden, nur schon um das Tagesgeschäft aufrechtzuerhalten. Bleicher hatte gegenüber Ringier-Schweiz-Chef Marc Walder schon länger den Wunsch geäussert, einmal »Blick«-Chefin zu werden. In jenen Tagen sei sie gestresst gewesen und habe hin und her überlegt, wie sie sich bei einer konkreten Anfrage verhalten solle.

Sie wusste, dass bei Ringier dieser Chefposten häufig erst interimistisch besetzte wurde, bevor der Verlag einen definitiven Entscheid fällte. So war es auch bei Grosse-Bley gewesen. Wollte sie das? Oder riskierte sie damit, nach einer Probezeit abgewählt zu werden und damit ihre Chancen für immer »verjoggelt« zu haben? Würde sie zum »Idioten im Umzug«, während Walder in aller Ruhe im Hintergrund jemand anders suchte?

Sie sei nicht der Typ, der in solch verzwickten Situationen weine oder »klemme«, sagt Bleicher. Sie habe sich auch für die Leute verantwortlich gefühlt, mit denen sie teilweise seit Jahren zusammengearbeitet habe und befreundet gewesen sei. So entwarf sie drei mögliche Szenarien, die sie für denkbar hielt und mit denen sie klarkommen würde – getreu ihrem Motto »No guts, no glory« (Kein Mumm, kein Ruhm).

Szenario 1: Sie würde Chefredaktorin ad interim, machte es gut und könnte bleiben. Wunderbar!

Szenario 2: Sie machte es als Interimschefin gut, müsste aber trotzdem ihren Platz räumen und zurück ins zweite Glied. Dann würde sie Ringier verlassen.

Szenario 3: Sie machte den Job, merkte aber, dass sie den Anforderungen nicht gewachsen wäre, und würde sich gern wieder auf ihren Posten als Stellvertreterin zurückziehen. Passabel!

Ein einziges Gespräch mit ihr genügte Walder, um sie zur ersten Chefredaktorin in der Geschichte des »Blicks« zu ernennen. Wie erwartet zwar nur ad interim, aber immerhin. Das Team reagierte mehrheitlich begeistert. Die Medienwelt stand Kopf. Bleicher wurde porträtiert, interviewt, gelobt, kritisiert. Gleichgültig liess sie auf jeden Fall niemanden. Weil sie den Betrieb aus dem Effeff kannte, legte sie ohne zu zögern los. Bei der Auswahl wichtiger Leute setzte sie einmal mehr auf die Karte Frauen und stellte zwei Blattmacherinnen ein. Das Arbeitsklima, betonen Insider, habe sich spürbar verbessert. Die Redaktion sei endlich wieder zur Ruhe gekommen. Insgesamt blieben Bleicher fünf Monate, um sich zu beweisen. Dann wurde sie abgesägt und durch den 54-jährigen Journalisten René Lüchinger ersetzt.

Walder habe sich sichtlich schwergetan, ihr den Entscheid mitzuteilen, sagt sie. Erst habe er beteuert, wie toll sie alles gemacht und welch begeisterte Reaktionen er aus dem Newsroom erhalten habe. Nur sei sie mit ihren 39 Jahren noch zu jung und müsse deshalb durch einen erfahreneren Kollegen abgelöst werden. Da sie wusste, dass ein zwei Jahre jüngerer Kandidat für den Chefposten des »Sonntags-Blicks« im Gespräch war, warf sie Walder Verlogenheit vor.

Bleicher wehrte sich vergeblich; der Entscheid für Lüchinger war offenbar bereits gefallen. Sie hätte für ein Jahresgehalt von 300 000 Franken, ergänzt um attraktive Weiterbildungsmöglichkeiten, dessen Stellvertreterin werden können (unter Grosse-Bley hatte sie in dieser Funktion 165 000 Franken verdient). Die Degradierung schmeckte ihr nicht, auch wenn man ihr diese mit so viel Geld erträglicher machen wollte. Stattdessen hielt sie sich an ihr Szenario, kündigte und wurde anderntags freigestellt.

Warum man sie nicht behalten hatte, ist ihr bis heute schleierhaft. Szenenkenner glauben, dass einmal mehr das »Old-Boys-Network« gespielt habe: »Ein männlicher Chefredaktor verströmt den gleichen Stallgeruch wie die Spitzenmänner bei Ringier. Da fühlen sich diese sicherer und wohler, was nicht unbedeutend ist bei einem wichtigen Produkt wie dem ›Blick‹«, formuliert es einer von ihnen. Bleicher kann diese Erklärung nachvollziehen, schliesslich setzt sie selber auch mit Vorliebe auf Geschlechtsgenossinnen, die sie vielleicht auch deshalb schätze, weil sie besser verstehe, wie sie ticken.

Müsste sie ihre eigene Leistung beurteilen, würde sie sich auf einer Zehnerskala eine Neun geben: »Ich habe nichts falsch gemacht.« Sie wisse jetzt definitiv, dass sie einem solchen Posten gewachsen sei. Marc Walder hingegen sagte der »NZZ am Sonntag« (25. August 2013), dass ihn »das Blatt unter der Führung von Frau Bleicher in Wirtschaft und Politik und bei gesellschaftspolitischen Fragen nicht überzeugt« habe. Sie schüttelt den Kopf: »Ich stamme aus einem Elternhaus, in dem jeden Tag politisiert wurde, und verstehe sehr wohl etwas von solchen Themen.«

Die Redaktion sah das offenbar ähnlich: Eine ganze Reihe von Kaderleuten setzte sich in einem offenen Brief für Andrea Bleichers Verbleiben an der Spitze des Blattes ein. Doch der Appell blieb chancenlos, woraufhin auch Bleichers Lebenspartner Rolf Cavalli kündigte, der Vorsitzende der »Blick«-Chefredaktoren im Newsroom, der sechzehn Jahre bei Ringier gearbeitet hatte.

Dem bitteren Ende zum Trotz bereut Andrea Bleicher ihren Entscheid, »Blick«-Interimschefin zu werden, nicht. Wie sagte sie doch: »No guts, no glory«. Dass in dem Spiel auch Niederlagen inbegriffen seien, verstehe sich von selbst. Inzwischen hat sie sich längst wieder aufgerappelt und sich um die Leitung der »SonntagsZeitung« beworben. Einmal mehr wurde ihr mit Arthur Rutishauser ein Mann vorgezogen; sie begnügte sich mit dem Posten der Stellvertreterin.

Die Freiheit, auch zweimal Nein zu sagen

Die 63-jährige Zürcher SP-Regierungsrätin Regine Aeppli verordnete sich zweimal ein Karrieremoratorium, das sie allen Befürchtungen zum Trotz unbeschadet überstand. Dabei war ihre Partei verärgert über sie, und die Feministinnen kritisierten ihre Verzagtheit. Applaus kam vor allem von rechts.

Frau Aeppli, 1995 und 1999 haben Sie darauf verzichtet, als Regierungsrätin zu kandidieren, obwohl Ihre Partei Sie bedrängte und Ihnen beste Wahlchancen eingeräumt wurden. Sie hielten dem entgegen, Ihre Kinder seien noch zu klein und erforderten mehr Präsenz, als ein solches Exekutivamt zuliesse. Ihre Entscheide warfen damals hohe Wellen.
1995 gab es keinen wirklichen Wirbel, da konnte man meinen Entscheid nachvollziehen. Damals waren meine Kinder erst fünf und acht, und ich war mir meiner Sache von Anfang an sicher. Aber bei den Wahlen 1999 erlebte ich schwierige Momente. Ich kann mich an Gespräche, Reaktionen, Gefühle erinnern, als wäre es gestern gewesen.

Warum hat Ihr Entscheid so viel Entrüstung provoziert?
Weil ich mich mit dem Entscheid schwertat, musste sich die SP lange Zeit gedulden und nach meiner Absage relativ schnell

eine andere Kandidatin finden. Das führte in der Partei zu einem gewissen Unmut. Auch wenn ich diese Reaktion gut verstehen konnte, musste ich diesen Weg gehen. Ich wusste ja selber, dass ich mich mit jedem weiteren Tag, den ich ohne Entscheidung verstreichen liess, der Kritik aussetzte. Meine grösste Angst war, dass ich die Geduld der Partei überstrapazieren könnte und mich am Ende gezwungen sähe, contre cœur Ja zu sagen.

Nicht nur die SP hat sich beklagt, auch auf feministischer Seite hatte man wenig Verständnis für Ihr Verhalten.
Ich hatte tatsächlich viele Anrufe von Frauen, die mich baten, unbedingt zu kandidieren. Das sei doch machbar, ich müsse mich einfach gut organisieren, dann laufe das mit Exekutivamt und Kindern wie von selber. Ich sei eine Hoffnungsträgerin, ein »role model«, das beweisen könne, dass Frauen Beruf und Familie sehr wohl miteinander kombinieren können. Auch diese Argumentation hatte einiges für sich.

Welch ein Dilemma, in dem Sie da steckten!
Ich war total ambivalent in diesen Wochen. Mein Mann musste ins Gästezimmer ausweichen, weil ich mich nächtelang schlaflos im Bett gewälzt habe. Zum einen reizte mich das Exekutivamt sehr, zum anderen fürchtete ich mich vor der Zerrissenheit. Ich habe Nacht für Nacht im Kopf Listen mit Argumenten pro und kontra angelegt. Unter dem Strich landete ich jedes Mal bei einem Patt. Langsam realisierte ich, dass ich allein mit rationalen Überlegungen nie zu einem Entschluss kommen würde.

Nennen Sie einige Pro- und Kontra-Argumente aus Ihren Listen!
Für eine Kandidatur sprach, dass ich als Exekutivpolitikerin mehr hätte gestalten und bewirken können als in einem Par-

lament. Punkt zwei: Ich sass damals ja auch im Nationalrat und fand die Reisen Zürich–Bern beziehungsweise die mehrwöchigen Aufenthalte in Bern, die mich immer aus dem Familienalltag herausrissen, auch nur beschränkt familienverträglich. Für eine Kandidatur als Regierungsrätin hätte also auch gesprochen, dass ich mich ganz auf Zürich hätte konzentrieren können.

Was sprach dagegen?
Moritz Leuenberger, der Regierungsrat im Kanton Zürich war, bevor er Bundesrat wurde, ist ein enger Freund von mir. Ich hatte eine Vorstellung von seinem Tagesablauf und den zahlreichen Dossiers, die täglich zu bewältigen waren. Das hatte ich auch in den acht Jahren, in denen ich Kantonsrätin war, bei anderen Regierungsräten mitbekommen. Unter solchen Bedingungen wäre für die Familie höchstens noch Zeit für ein Nachtessen dann und wann geblieben – und ein Spaziergang am Sonntag.

Wie stand Ihr Mann zu einer Kandidatur?
Mein Mann interessierte sich sehr für Politik und war selber eine Zeit lang im Aargau, seinem Herkunftskanton, im damaligen Team 67 politisch aktiv. Er gab sein Engagement aber zugunsten des Berufs und wegen des Umzugs in den Kanton Zürich auf. Er wäre meiner Kandidatur als Regierungsrätin offen gegenübergestanden. Weil er ein Vater war, der sich aktiv um die Kinder kümmerte, war sein Wohlwollen nicht unerheblich für mich: Ich hätte mich bei zeitlichen Engpässen also auch auf ihn abstützen können. Gleichzeitig hatte er aber als Anwalt mit eigener Kanzlei selber einen Fulltime-Job, und ich wollte nicht, dass er meinetwegen Hausmann würde. Und er wollte das auch nicht. Eine Rollenumkehr zwischen Mann und Frau war für mich auch politisch nie ein Ziel.

Wie haben Sie es dann doch noch geschafft, einen Entscheid zu fällen?
Da kam mir der Zufall zu Hilfe. Ich las damals das Buch »Amerikanisches Idyll« von Philip Roth. Darin erzählt er die Geschichte eines New Yorker Juden, der nicht nur eine erfolgreiche akademische Karriere vorzuweisen hatte, sondern auch sportlich brillierte, was für sein Milieu eher ungewöhnlich war. Dieser Mann zeichnete sich aber vor allem dadurch aus, es stets allen Menschen in seiner Umgebung recht zu machen. Seine Tochter hingegen war sehr unangepasst und wurde zur politischen Extremistin. Wenn ich nachts wach lag, las ich in diesem Roman. Die Passagen, in denen die Hauptfigur immer mehr zu zerbrechen droht, weil die Welt, die sie sich aufgebaut hat, immer mehr aus dem Gleichgewicht gerät, ohne dass sie dagegen ankommt, wühlten mich auf. Plötzlich wurde mir klar: So etwas darf mir nicht passieren! Ich kann und ich muss es nicht allen recht machen. Ich muss auf mein Inneres hören und mich auf mich selber verlassen. Ich weiss noch genau, wie mich diese Erkenntnis ergriff und wie ich das Buch dann auf die Seite legte und mich fühlte, als sei ein Albdruck von mir gewichen. Am Morgen bin ich aufgestanden und habe meinem Mann beim Morgenkaffee eröffnet: »Du, ich weiss jetzt, was ich mache. Ich kandidiere nicht!«

Wie hat er reagiert?
Er hat mich fassungslos angeschaut und gesagt: »Ach ja?« Er hatte offensichtlich mit einem anderen Entscheid gerechnet.

Dann war er also enttäuscht, weil Sie sich entschieden hatten abzusagen?
Er war ein sehr rücksichtsvoller Mensch und hätte mich das nicht so direkt spüren lassen. Er fand, letztlich sei es meine Sa-

che und mein Entscheid. Vielleicht war er aber tatsächlich ein bisschen enttäuscht.

Wie war es in jenen Wochen im Jahr 1998, nachdem Sie Ihren Verzicht auf die Kandidatur für die Wahlen 1999 bekannt gegeben hatten und Ihnen die Kritik »um die Ohren geflogen« ist?

Ich kann mich gut an eine Veranstaltung zum Thema Vereinbarkeit von Karriere und Familie in Thusis erinnern, an der auch Eveline Widmer-Schlumpf, damals Regierungsrätin in Graubünden, auftrat. Sie betonte, dass sie sich für den Regierungsrat entschieden habe, weil sie nicht ständig als Nationalrätin nach Bern reisen wollte und damit mehr Zeit für die Familie hatte. Mein Argument war, dass ich als eines von 200 Mitgliedern des Nationalrats weniger Verantwortung trage denn als eines von sieben Regierungsmitgliedern. Ebenfalls auf diesem Podium war die Aargauerin und SP-Politikerin Ursula Padrutt, die in der gleichen Zeit entschieden hatte, trotz kleiner Kinder als Regierungsrätin zu kandidieren. Ihr Mann war ebenfalls Jurist, wir hatten also ähnliche Voraussetzungen. Nachdem ich mich wegen der Familie gegen eine Kandidatur entschieden hatte, fiel das sozusagen auf sie zurück. Ihr hatte man schon vorher vorgeworfen, sie vernachlässige die Familie aus übertriebenem Ehrgeiz. Ich wurde ihr dann auch noch als »Vorbild« vorgehalten, worüber sie sich verständlicherweise ärgerte.

Sie steckten aber auch wirklich in einer misslichen Lage. Niemandem konnten Sie es recht machen.

Zu jenem Zeitpunkt war ich bereits durch mein persönliches »Fegefeuer« gegangen und wusste, dass der Entscheid für mich stimmte. Das war ja der Kern meiner Entscheidung: Die Einsicht, dass ich es nicht allen recht machen kann – und auch nicht muss. Das gab mir Kraft. Jede muss machen, was für sie richtig ist.

Hatten Sie keine Angst, Sie könnten Ihre politische Karriere mit diesem neuerlichen Verzicht nachhaltig beschädigen?
Doch. In jener Nacht, in der ich mich entschlossen hatte, Nein zu sagen, war ich überzeugt, dass ich damit meine politische Karriere beschädigte. Ich nahm das bewusst in Kauf. Wäre ich damals Regierungsrätin geworden und eines meiner Kinder wäre sehr krank geworden oder in eine Krise geraten, hätte ich mir das nie verziehen! Ich war mir bewusst, dass ich meinen Kindern schon bis dahin viel zugemutet hatte, weil ich immer viel anderes neben der Familie gemacht hatte. Aber damals war für mich persönlich eine Grenze erreicht. Meine politischen Ambitionen zurückzustutzen, war ich nach meinem Empfinden mir und meiner Familie schuldig. Dazu kam, dass ich schon bei einigen, die sich unter Druck oder aus politischer Räson für etwas entschieden, erlebt hatte, wie allein sie dann waren, wenn es brenzlig wurde. Ich musste also selber wissen, welcher Weg für mich der richtige war. Denn im Amt ist man auch allein, und niemand nimmt Rücksicht auf schwierige private Umstände.

Lassen Sie uns nochmals die Situation im Jahr 1995 Revue passieren. Wie lief es damals ab, als Sie auf eine Kandidatur verzichteten?
Ich hatte mein Interesse an einem guten Platz auf der Nationalratsliste der SP schon früh angemeldet. Als dann Moritz Leuenberger im September 1995 in den Bundesrat gewählt wurde, mussten im Kanton Zürich Ersatzwahlen durchgeführt werden. Ich schloss damals von Anfang an aus, für den Regie-

rungsrat zu kandidieren. Ich sah in den kurz darauf stattfindenden Nationalratswahlen eine Alternative, die mir erlaubte, meine politische Karriere fortzusetzen. Ein weiterer entscheidender Unterschied war, dass Vreni Müller-Hemmi, eine gute politische Kollegin und Freundin, sich damals als Kandidatin zur Verfügung stellte. Ausserdem wusste ich vom Interesse von Markus Notter an einem Regierungsamt, auch er ein Fraktionskollege. Ich kannte beide, samt ihren Qualitäten, und fand mich selber vollkommen entbehrlich.

Die Erwartungen an Sie als Politikerin waren immens. Sie hätten immer korrekt und im Sinne Ihrer Geschlechtsgenossinnen handeln sollen.
Dafür hatte und habe ich Verständnis. Es gibt ja immer noch nicht so viele Frauen, die Regierungsrätin sind. Den Kanton Zürich gibt es seit dem Wiener Kongress von 1815, das Frauenstimmrecht seit 1971, und trotzdem war ich erst die fünfte Regierungsrätin in der Geschichte des Kantons Zürich, als ich 2003 gewählt wurde. Inzwischen liegt die Gesamtbilanz bei sechs.

Woran liegt das wohl?
Der Kanton Zürich ist übers Ganze betrachtet doch ein recht konservativer Kanton. Und die bürgerlichen Parteien haben sich bisher nie durch besondere Frauenfreundlichkeit ausgezeichnet.

Nun war Ihnen das Schicksal – allen Schwierigkeiten zum Trotz – letztlich doch gnädig gesinnt: Sie erhielten eine dritte Chance.
Ja, ich hatte unverschämtes Glück und konnte wirklich nicht damit rechnen. Zwar hatte ich bei den Nationalratswahlen

1999 sehr gut abgeschnitten und bin sieben Plätze auf der Liste nach vorn gerückt. Das fand ich ermutigend. Vielleicht hatte der Wirbel um meine Person mir besonders viel Aufmerksamkeit und letztlich auch Wählerstimmen beschert. Sicherlich habe ich auch Applaus beziehungsweise Stimmen von der »falschen« Seite bekommen.

Warum aber hat die SP Sie 2002 erneut portiert, obwohl Sie die Partei vier Jahre zuvor dermassen enttäuscht hatten?
Das Drama der SP war, dass wir mit einer Ausnahme nur einen Vertreter im Regierungsrat hatten – trotz unserer Grösse und Bedeutung. Anfang der Neunzigerjahre waren die ehemalige Nationalratspräsidentin Hedi Lang und Moritz Leuenberger das erste SP-Doppel seit mehr als drei Jahrzehnten; in den nachfolgenden acht Jahren war Markus Notter wieder alleiniger SP-Vertreter im Regierungsrat. Vor den Wahlen 2003 waren die politischen Voraussetzungen für die Partei besser, einen zweiten Regierungssitz und zusätzliche Mandate im Kantonsrat zu erobern. Offensichtlich traute man mir zu, den zweiten SP-Sitz in der Zürcher Regierung zurückzuholen. Das war mein Glück. Ein vielleicht unverdientes Glück, von dem ich nicht mehr zu träumen gewagt hatte.

Wieso soll Ihr Glück unverdient gewesen sein?
Weil man nicht damit rechnen darf, im Leben dreimal die gleiche Chance zu bekommen. Diese Chance empfand ich tatsächlich als ein Glück. Ich habe Politik immer als einen Ort gesehen, an dem man mit anderen reden muss, wenn man Mehrheiten bilden will. Ich wollte die Geschäfte und Entwicklungen voranbringen und etwas Konkretes erreichen, sei es im Kantonsrat, sei es im Nationalrat. Dieser Charakterzug prädestinierte mich für ein Exekutivamt; für diese Arbeit

fühlte ich mich geeignet. Hingegen wäre ich wahrscheinlich keine gute Parteipräsidentin gewesen.

Wie fühlte es sich an, 2002 Ihre Kandidatur für den Regierungsrat bekannt zu geben?
Sehr stimmig. Dieses Mal war ich voll und ganz überzeugt und wusste, dass auch meine Kinder, die mittlerweile Teenager waren und eigene Peergroups hatten, damit zurechtkommen würden.

In jener Zeit sagten Sie einmal in einem Interview, Sie seien nicht immer ganz sicher gewesen, ob Sie eine gute Mutter seien. Sie liebten zwar Ihre Kinder über alles, und trotzdem seien Sie nicht dafür gemacht, als Mutter und Hausfrau daheimzubleiben. Ihnen gehe dieses Talent ab. Das klingt, als hätten Sie unter einem schlechten Gewissen gelitten und gefürchtet, den traditionellen Ansprüchen an eine Mutter nicht zu genügen.
Das stimmt. Ich hatte neben den familiären Verpflichtungen immer noch viele andere Aufgaben. Ich wollte oft auch zu viel. Wenn ich daheim war und am Spielen mit den Kindern oder am Guetslibacken, läutete womöglich das Telefon. Schon hatte ich wieder etwas anderes im Kopf. Ausserdem bin ich ein ungeduldiger Mensch; das ist keine gute Eigenschaft im Umgang mit Kindern. Aber ich brauche einfach noch andere Herausforderungen.

Erstaunlich war, wie ehrlich Sie sich in jener Zeit zu Ihren Zweifeln und Ihrer Unsicherheit als Mutter bekannten.
Das war mehr eine unabsichtliche Offenheit, weil ich bei anderen Frauen gespürt hatte, dass die Kombination von Familie und Karriere auch bei ihnen Spannungen und Stress verursachten.

Wie hatte Ihre Mutter das Problem gelöst?
In meiner Jugend hatte ich nicht erfahren, wie man als Frau Arbeit und Familie verbinden kann. Meine eigene Mutter war Vollzeit-Hausfrau. Das hinterlässt Spuren. Ein bewusster Rollenbruch hinterlässt auch Spuren – von Mensch zu Mensch unterschiedliche.

Wieso hatten Sie den Mut dazu?
Ich wusste schon mit fünfzehn, dass ich niemals Hausfrau werden will. Es war eine unerträgliche Perspektive für mich, nicht selber entscheiden zu dürfen, darauf reduziert zu sein, dem Mann und den Kindern den Rücken freizuhalten, kein eigenes Geld zu verdienen und für alles »bittibätti« machen zu müssen. Ich hatte schon immer etwas Widerständiges in mir. Das habe ich von meiner Mutter, die diese Eigenschaft und die damit verbundenen Wünsche zwar nicht offen lebte, aber an mich weitergegeben hat.

Waren Ihre Verzichtserklärungen 1995 und 1999 auch befördert von der Angst, dass Ihre Kinder Ihnen eines Tages Vorwürfe machen könnten?
Natürlich war diese Angst da, aber nicht in erster Linie vor den Vorwürfen der Kinder. Ich befürchtete, dass ich etwas in ihrem Leben verpassen könnte. Wäre ich 1995 gewählt worden und zwölf Jahre im Amt geblieben, wären meine Kinder nach meinem Rücktritt erwachsen gewesen, sie hätten ihr eigenes Leben geführt, und ich hätte wenig von ihrer Entwicklung mitbekommen gehabt.

Sie haben also zugunsten Ihrer Kinder verzichtet?
Nein, nicht zugunsten der Kinder, sondern aus dem Wunsch, zu ihnen eine nahe Beziehung zu haben.

Am Schluss gab es ein Happy End. Sie haben alles richtig gemacht.
So wie man es nie allen recht machen kann, so kann man auch nie alles richtig machen. Ich hatte grosses Glück, dass ich mich auf meinem beruflichen Weg weiterentwickeln konnte. Karrieren wie meine sind gemäss meiner Erfahrung immer auch abhängig von Glück. Fenster öffnen sich, schliessen sich auch wieder und gehen erneut auf. Ich kenne auch Karrieren, in deren Verlauf sich plötzlich keine Fenster mehr öffneten.

Wie ist Ihr Verhältnis zu Ihren Kindern heute?
Sehr gut *(lacht)*. Es gab nie Vorwürfe. Meine Kinder sind heute erwachsen, und wir haben ein sehr enges Verhältnis. Ich bin sehr dankbar, dass dies so ist.

Waren Sie unter dem Strich also doch eine gute Mutter?
Ich glaube nicht, dass es so etwas wie eine perfekte Mutter gibt. Man ist eine Persönlichkeit und als solche geprägt von der eigenen Familie, wie es meine Kinder auch sind. Selbst wenn man alles richtig macht, gibt es keine Garantie dafür, dass es gut herauskommt.

Ihr Fazit?
Frauen stehen unter verschärfter Beobachtung, wenn sie beruflich Karriere machen. Deshalb ist es wichtig, möglichst »bei sich selber zu bleiben«. Wichtig ist aber auch, dass man die Unterstützung der Familie hat – insbesondere des Partners. Dieses Glück hatte ich.

Nachwort

Von Helena Trachsel*

Die Lektüre dieses Buches mit den Porträts von siebzehn höchst unterschiedlichen Frauen mit ganz unterschiedlichen Karrieren hat mir enorm viel gegeben. Die überaus spannenden Geschichten machen deutlich, wie sehr sich die Laufbahnen berufstätiger Frauen, die vielfach auch Mütter sind, von jenen der Männer unterscheiden, die sich meist voll und ganz ihrem gradlinigen Fortkommen widmen können. Frauen müssen oft Umwege in Kauf nehmen, wenn sie ihre beruflichen Ziele erreichen wollen. Um sich durchzusetzen, benötigen sie nebst fachlicher Kompetenz, Ideen, Flexibilität und Selbstsicherheit zuweilen auch ausgeprägte Nehmerqualitäten. Mit ihrem Buch »Wie geht Karriere?« ermöglicht die Journalistin Barbara Lukesch einen umfassenden und lehrreichen Einblick in die Strategien schlauer Frauen.

Der Buchtitel führt unmittelbar zur Frage, wie Karriere definiert wird. Unter einer erfolgreichen beruflichen Laufbahn verstehe ich nicht (nur) den linearen Aufstieg an die Spitze einer Firma. Ich definiere Karriere als Planung einer anspruchsvollen Berufstätigkeit, die auf die persönlichen Bedürfnisse Rücksicht nimmt und es trotzdem ermöglicht, sich stetig zu entwickeln und Risiken einzugehen, sei es mit der Übernahme von Führungsverantwortung, eines Forschungsauftrags oder von Budgetkompetenz. Bei der Karriereplanung geht es in erster Linie darum, einen eigenen Pfad zu finden und Ja zu sagen zu einem Erwerbsleben, das Spannung verspricht, Herausforderungen und Perspektiven. Karriere macht auch, wer auf eine Position unterhalb des Gipfels abzielt und in einem Betrieb beispielsweise die Rolle der Nummer zwei übernimmt, wenn diese den eigenen Fähigkeiten entspricht, mehr Spass bietet und trotzdem herausfordernd ist.

So oder so bleibt es niemandem erspart, sich ein paar grundsätzliche Fragen zu stellen: Was kann ich? Was macht mir Freude? Bin ich den Anforderungen des Jobs, der mir winkt, gewachsen? Will ich ihn? Könnte ich auch damit umgehen, zu scheitern? Bin ich risikofreudig genug? Macht es mir Spass, Einfluss zu nehmen und Entscheidungen zu fällen, notfalls auch unpopuläre, harte? Wo sehe ich meinen Platz in der Hierarchie?

Frauen sagen mir oft, sie hätten die Nase voll von all den netten Förderprogrammen, mit denen man sie in Firmen ruhigstelle. Sie wollten nicht dauernd gefördert, sondern gefordert und endlich befördert werden. Dieser Anspruch ist mehr als berechtigt. Sich hinzustellen und eine Beförderung zu verlangen, war für Männer noch nie etwas Ehrenrühriges, im Gegenteil. Warum sollten wir Frauen uns scheuen, Karrieregelüste anzumelden?

Das Buch »Wie geht Karriere?« ist ein Mutmacher- und Mutmacherinnenbuch, das verschiedene Erfolgsmodelle präsentiert. Es zeigt, wie Frauen Hürden bewältigen, ins kalte Wasser springen, sich überwinden, sich in den Vordergrund drängen, sichtbar werden und sich auch einmal scheinbar zu grosse Schuhe anziehen. Frauen sollten sich daran erinnern, wie lustvoll sie als kleine Mädchen in die Schuhe ihrer Mütter geschlüpft und wie stolz sie vor dem Spiegel herumgestöckelt sind. Man stolpert in zu grossen Schuhen zwar bisweilen, wächst aber mit der Zeit hinein. Im Job ist es dasselbe, daran sollten junge Frauen denken.

Das bedeutet freilich nicht, dass Frauen jede Gelegenheit zum Aufstieg ergreifen müssen. Sie dürfen auch Nein sagen, wenn die Rahmenbedingungen nicht oder noch nicht stimmen. Die Zürcher SP-Politikerin Regine Aeppli hat es nicht nur einmal, sondern gleich zweimal abgelehnt, für den Regierungsrat zu kandidieren. Sie verordnete sich ein Karrieremoratorium, was die Partei und manche Feministinnen verärgerte. Landläufig heisst es, man müsse jede Chance packen, denn sie komme nicht wieder. Aeppli hatte den Mut, sich zu verweigern, sich nicht fremdbestimmen zu lassen, ihrer Intuition zu trauen und die eigenen Bedürfnisse voranzustellen – in der Überzeugung, dass sie der Partei auch später noch von grossem Wert sein könne. Bei der dritten Anfrage stellte sie sich zur Verfügung – und schaffte die Wahl. Das Timing für einen Karriereschritt selber zu bestimmen, erfordert Rückgrat. Aepplis genialer strategischer Schachzug bestand darin, Nein zu sagen, das Nein nachvollziehbar zu begründen, sich aber gleichzeitig offen zu zeigen für ein nächstes Mal.

Was man zuweilen verdrängt, ist die Tatsache, dass längst nicht alle Männer Karriere machen. Die wenigsten schaffen den Sprung in die Spitzengruppe, und diese Spitze wird nicht breiter, wenn wir Frauen eingeladen sind, am Wettbewerb teilzunehmen. Damit wir in Führungspositionen nachrücken können, muss jemand anders das Nachsehen haben, typischerweise ein Mann. Was wiederum bedeutet, dass dieser Mann eine persönliche Niederlage erleidet. Auch damit müssen wir uns auseinandersetzen: Wie bei den Männern wird es immer auch Frauen geben, die Karriere machen wollen, dies aber nicht schaffen, zumindest nicht auf Anhieb. Das muss nichts mit dem Geschlecht zu tun haben. Auch wir Frauen müssen lernen, Niederlagen einzustecken und diese nicht allzu persönlich zu nehmen.

Naturgemäss kommt vielen karrierewilligen Frauen die Mutterschaft in die Quere. Auch diesbezüglich macht das Buch von Barbara Lukesch Mut. Alle von ihr porträtierten berufstätigen Mütter zeigen eine unglaubliche Organisationsfantasie sowie den unbedingten Willen, neben der Mutterschaft berufstätig und erfolgreich zu bleiben. Sie bringen dafür gewisse Opfer, aber das ist es ihnen wert. Deutlich wird: Frauen brauchen die Unterstützung ihres Umfelds, des Partners, der Grosseltern, der Freunde – oder externe Kinderbetreuung. Nur so lassen sich Mutterschaft und ambitionierte Berufstätigkeit vereinbaren.

Eine Frau, die Karriere machen will, begibt sich in ein knallhartes Umfeld. Welche Eigenschaften muss sie mitbringen, um sich zu behaupten? Am Beispiel der Porträtierten wird deutlich, worauf es ankommt. »Yes, I want« und »Yes, I can« sind Schlüsselsätze. Ehrgeiz, Wille, Hartnäckigkeit und Durchsetzungsvermögen sind unabdingbare Voraussetzungen. Ich wage zu behaupten, dass wir Frauen immer noch weniger gut einstecken können als die meisten Männer. Da sollten wir uns von ihnen etwas abschauen. Wir sind meistens nicht in Mannschaftssportarten gross geworden, in denen man das Verlieren lernt, immer wieder eins ans Schienbein bekommt und nachher trotzdem gemeinsam ein Bier trinken geht.

Karrieren müssen nicht unbedingt gradlinig nach oben verlaufen, man kann sich auch mal seitwärts oder sogar rückwärts bewegen, ehe es wieder aufwärtsgeht. Das war bei der dreifachen Mutter und ehemaligen CVP-Nationalrätin Kathrin

Amacker ausgeprägt der Fall. Ihre Karriere führte von Ciba-Geigy und Novartis zu Swisscom. Als ihr dort eine Rückstufung aus der Konzernleitung drohte, wechselte sie zur SBB. Amacker kundschaftete stets sorgfältig mögliche Wege aus, wagte sich auf unbekanntes Gelände vor und hatte den Mut, Organisationen zu verlassen, wenn sich ihr anderswo eine attraktive Entwicklung bot.

Wo holen sich junge Frauen den nötigen Durchhaltewillen für solche Karrieren? Carol Franklin, die heute mit Teakholz handelt, hat dazu eine dezidierte Meinung: Sie sagt, Frauen müssten »wirklich gut sein, sattelfest in ihrem Metier und ihre Dossiers beherrschen«. Frauen sollen beweisen, dass sie mit Zahlen umgehen und Gewinn machen, an der Front stehen und im Kerngeschäft tätig sein können. Nachher bleibe immer noch genug Zeit, um in einen »typischen Frauenbereich« zu wechseln. Ich schliesse mich dieser Auffassung an. Im operativen Bereich lernt man das Geschäft am besten verstehen. Dort begreift man, dass jeder ausgegebene Franken zuvor verdient werden muss. Es lohnt sich, an die Front zu gehen: Verkaufen, Kunden besuchen, Reklamationen entgegennehmen, Verträge aushandeln, das alles ist enorm wichtig.

Dass sich junge Frauen (noch) zu wenig oft auf unbekanntes Terrain vorwagen, hängt auch damit zusammen, dass sie viel zu wenig ermutigt werden. In Barbara Lukeschs Buch finden sich viele Beispiele für gelungene Förderung. So sorgte Felix Althaus, Dekan der veterinärmedizinischen Fakultät der Universität Zürich, dafür, dass Felicitas Boretti und Nadja Sieber-Ruckstuhl gemeinsam eine Assistenzprofessur am Tierspital übernehmen konnten. Er hatte realisiert, dass es bei einem Frauenanteil von rund neunzig Prozent unabdingbar war, ein Programm zur Frauenförderung zu lancieren. Erfolgreiche Frauen wie die Gynäkologie-Chefärztin Brida von Castelberg oder die Apothekerin Silvia Briggen förderten talentierte Frauen gezielt und liessen sie in ihren Organisationen aufsteigen. Solche Vorbilder sind für Frauen wichtig.

In der Realität entscheiden oft Männer, wenn es um die Förderung und Beförderung von Frauen geht. Frauen sollten sich deshalb informieren, wie die internen Beförderungsprozesse ablaufen. Sie sollten die Kriterien der Entscheidungsträger verstehen und ihr Interesse zeitig anmelden. Frauen müssen sich sichtbar machen und aktiv kommunizieren, dass sie am Weiterkommen interessiert sind. Umgekehrt sollten Vorgesetzte junge Frauen, die sie als Talente erkennen, früh ansprechen und mit ihnen mögliche Karriereverläufe diskutieren, und dies unter Berücksichtigung einer möglichen Mutterschaft.

Die meisten Frauen, die ich in den letzten 25 Jahren beraten habe, beklagten das Fehlen von Vorbildern, von Rollenmodellen. Und tatsächlich: Von den wenigen Frauen, die Karriere machten, war kaum etwas zu sehen, zu hören oder zu lesen. Es ist deshalb ein grosses Geschenk, dass siebzehn Frauen den Mut aufgebracht haben, sich in diesem Buch zu exponieren und offen über ihre Erfolge und Ernüchterungen zu reden. Bei der Lektüre wird klar, dass auch gestandene Frauen ihre inneren Nöte haben und zuweilen an sich selber zweifeln. Aber keine von ihnen hat aufgegeben, alle haben die Schwierigkeiten überwunden und sind heute stolz auf ihren Weg. Junge Frauen, die hier nachlesen können, wie andere Frauen Herausforderungen angenommen und gemeistert haben, werden inspiriert sein.

Selbstredend sind Frauen auch auf Partner angewiesen, die ihre Wünsche nach einer ambitionierten Berufstätigkeit respektieren und unterstützen. Wenn Männer finden, diese Ambitionen seien übertrieben, ist es an den Frauen, Farbe zu bekennen und ihre Bedürfnisse unmissverständlich anzumelden. Frauen sollten ihren widerspenstigen Partnern aufzeigen, dass sie in einigen Jahren frustriert sein könnten. Frauen müssen deutlich machen, wie wichtig der eigene Berufswunsch ist, und signalisieren: Lass uns zusammen nach Lösungen suchen, was wäre ein denkbares Modell? Lässt sich ein Mann trotzdem nicht beeindrucken, rate ich dazu, sich nicht von den eigenen Wünschen abbringen zu lassen, sich zu organisieren, sich Zeit zu geben, etwas auszuprobieren, und danach Bilanz zu ziehen. Die St. Galler Unternehmensberaterin Gudrun Sander zog die Konsequenzen, als ihr damaliger Partner nicht von der klassischen Rollenverteilung abrücken mochte. Frauen dürfen in dieser wichtigen Frage durchaus unnachgiebig sein.

Was bedeuten die Geschichten in Barbara Lukeschs Buch für die Entwicklung der Chancengleichheit? Wo können wir als Fachstelle den Hebel ansetzen, damit noch mehr Frauen beruflich vorankommen und Karriere machen? Wir versuchen, junge Frauen verstärkt in typische Männerberufe zu bringen. In unserer Beratung ermutigen wir sie, auch in sachfremden Gebieten zu arbeiten, um Erfahrungen zu sammeln. Wir ermuntern sie, neugierig zu sein und Optionen unvoreingenommen zu prüfen. Dabei sollten sich Frauen nicht zu sehr unter Druck setzen lassen, denn Karriere macht man letztlich nie allein. Karriere ist immer auch die Summe einer Teamleistung. Die Integration in ein neues Team ist der erste Schritt. Anschliessend geht es darum, neue Kompetenzen zu sammeln, sich einzusetzen, gute Ideen einzubringen, Lust am Vorwärtskommen zu entwickeln und diese auch zu zeigen. Dass die Kultur vieler Unternehmen männlich geprägt ist, erschwert es Frauen zusätzlich, sich durchzusetzen. Sie tun gut daran, im Gespräch mit den Kollegen und Vorgesetzten aufmerksam zuzuhören und sich Strategien anzueignen, um auch mit Männern Allianzen zu schmieden und Unterstützung für ihre Projekte einzufordern. An der entscheidenden Sitzung sollten sie dann den Mut haben, sich zu exponieren, zu profilieren und vielleicht auch angreifbar zu machen. Das ist der Weg, um sich in einer Organisation Respekt zu verschaffen.

»Wie geht Karriere?« wird Frauen dazu anspornen, sich ihren nächsten beruflichen Schritt genauer zu überlegen und Herausforderungen bewusster anzupacken. Nicht zuletzt unter dem Aspekt des drohenden Fachkräftemangels ist es an der Zeit, dass sich Frauen auch auf männlich besetzte Terrains vorwagen, um sich dort zu behaupten. Die Rollenmodelle dazu liegen jetzt glücklicherweise vor – siebzehn porträtierte Frauen, die mit ihren vielfältigen, innovativen Karrierestrategien definitiv mehr als nur Vorbilder sind. Sie machen zuversichtlich. Und sie spornen an. Gut so!

Helena Trachsel ist seit 2011 Leiterin der Fachstelle für Gleichstellung von Frau und Mann des Kantons Zürich. Zuvor war sie dreizehn Jahre lang verantwortlich für das Diversity Management bei der Swiss Re. Als zertifizierter Career- und Leadership-Coach verfügt sie über einen Master in systemischem Coaching und Organisationsentwicklung. Sie ist verheiratet und Mutter zweier Töchter.

Dank

An dieser Stelle möchte ich mich bei allen Frauen und bei Felix Althaus, dem einzigen Mann im Buch, für die langen, oft sehr persönlichen Gespräche und das Interesse bedanken, das sie diesem Projekt entgegengebracht haben. Ihrer Bereitschaft, mir ihre Geschichten anzuvertrauen, verdanke ich viele Einsichten und Erkenntnisse, die mich überrascht und bereichert haben.

Ich danke auch meiner Verlegerin, Gabriella Baumann-von Arx, mit der mich inzwischen schon eine lange Zusammenarbeit verbindet, für ihr grosses Engagement für dieses Buch, aber auch für ihre Entspanntheit, mit der sie dieses Projekt begleitet hat. Auch Gianni Pisano, dem Fotografen, gebührt mein Dank für seine tollen Porträtaufnahmen.

Die Fachstelle für Gleichstellung von Frau und Mann des Kantons Zürich hat dieses Buch wie schon das Väterbuch »Und es geht doch!« finanziell unterstützt. Deren Leiterin, Helena Trachsel, hat mich aber auch fachlich begleitet und mich an ihrem grossen Wissen teilhaben lassen. Herzlichen Dank!

Barbara Lukesch

Der Beweis

Barbara Lukesch
Und es geht doch!
Wenn Väter mitziehen

Mit Fotos von Gianni Pisano

240 Seiten, gebunden
mit Schutzumschlag
13,5 × 21,2 cm
Print ISBN 978-3-03763-036-5
E-Book ISBN 978-3-03763-543-8
www.woerterseh.ch

Wenn Väter mitziehen, sind alle glücklich: die Männer, die eine echte Bindung zu ihrem Nachwuchs entwickeln können; die Frauen, die Familie und Beruf entspannter vereinbaren können; die Kinder, deren Alltag abwechslungsreicher wird. Kommt dazu: Die Paarbeziehung profitiert, sie bleibt – das macht »Und es geht doch!« schnell klar – spannend und wird facettenreicher. Barbara Lukesch präsentiert in ihrem Buch einen bunten Reigen aus dreizehn Familien, in denen die Väter, unter anderen ein Landwirt, ein Jurist, ein Maître de Cabine, ein Psychoanalytiker, ein Bäcker und ein Soziologe, einen ernst zu nehmenden Teil der Kinderbetreuung und der Hausarbeit übernommen haben und dies nicht bereuen.